LASSALLE
ZEN — WEG ZUR ERLEUCHTUNG

H. M. ENOMIYA—LASSALLE S. J.

ZEN
WEG ZUR ERLEUCHTUNG

HILFE ZUM VERSTÄNDNIS
EINFÜHRUNG IN DIE MEDITATION

HERDER WIEN · FREIBURG · BASEL

4. überarbeitete Auflage

© Herder & Co., Wien 1960, 1969, 1971, 1973
Alle Rechte vorbehalten / Printed in Austria
Umschlag: Reinhard Klein
Die verwendeten Illustrationen stammen aus dem Photo-Archiv des Autors

Mit Druckerlaubnis des Erzb. Ordinariates Wien vom 25. Februar 1969,
Zahl 837/69
IMPRIMI POTEST
Tokyo, die 7. iulii 1958, Petrus Arrupe, S. J., Praep. Viceprov. Iaponicae

Druck: Agens-Werk, Geyer & Co, Wien 1973
Buchbinder: Hermann Scheibe, Wien
Bestellnummer: ISBN 3-210-20.115-3

INHALT

1 Stufe: plankoses Starlen

2 Stufe: festhalten sehen

3 Stufe

VORWORT

Das moderne Leben ist mechanisiert. Unruhe ist die Folge,
auch die seelische Unruhe. Man hat frühere Zeiten kritisiert,
sie seien unwissenschaftlich gewesen. Nun hat man heute
diesen Mangel glücklich überwunden. Mit der Änderung
hat man aber nicht nur gewonnen, sondern auch verloren.
Es fehlt die seelische Ruhe, die der Mensch heute mehr denn
je braucht. Kommt der Mensch innerlich nicht zur Ruhe, so
wird er trotz seiner technischen Errungenschaften nicht
glücklich. Nicht nur das, auch seine körperliche Gesundheit
leidet. Neurosen und psychische Störungen machen das
Leben schwer. Darum sucht man nach Hilfsmitteln gegen
diese beständige Unruhe. Man sucht so verbissen, daß man
sagen kann, man schreit nach der Stille. Man sucht sich
abzulenken und abzuspannen, man will sich „zerstreuen".
Die Mittel aber, die sich vordergründig anbieten, etwa Film,
Radio, Fernsehen, beruhigen den Menschen nicht. Sie treiben
ihn nur aus einer Unruhe in die andere.
So wendet sich der westliche Mensch, nachdem er dem östlichen Menschen seine Errungenschaften in Wissenschaft und
Technik vermittelt hat, selbst hilfesuchend zum Osten. Im
Osten, so hat er gehört, gebe es Methoden, innerlich zur
Ruhe zu kommen, wie man sie im Westen nicht kennt. Weil
diese Methoden dort aber in der Religion eingebettet sind,
wurden schon manche Europäer — sie hatten sich allerdings
bereits vorher dem Christentum entfremdet — Buddhisten.
Andere, in ihren ererbten christlichen Lebensformen befangen, vertraten die extrem gegenseitige Ansicht: „Wir
haben die absolute ewige Wahrheit in dem von Gott ge-
offenbarten Glauben. Wir brauchen darum nichts von anderen Religionen, da wir deren Lehre nicht annehmen

können." Aber auch sie empfinden den Einfluß der modernen Zeit. Sie zweifeln nicht im geringsten an ihrem Glauben, doch stellen sie immer wieder fest, wie schwer es ist, jene innere Ruhe zu finden, die nun einmal notwendig ist, um den Glauben vollständig zu leben und dessen froh zu werden. Sie empfinden, wie schwierig es ist, sich innerlich zu sammeln und ein tiefes Gebetsleben zu führen. Das gilt nicht nur für die Menschen, die im öffentlichen Leben stehen. Selbst bis in die Klöster hinein macht sich dies bemerkbar. Es kann sich eben kein Mensch dem Einfluß seiner Zeit ganz entziehen, weder in den äußeren Lebensformen noch in den geistigen Strömungen. Daher beginnen heute auch Menschen, die an ihrem Glauben und an der religiösen Überlieferung festhalten, nach neuen Wegen zu suchen, um besser in der Unrast unserer Zeit zu bestehen. Für sie handelt es sich aber einzig und allein darum, natürliche Schwierigkeiten mit natürlichen Mitteln zu überwinden. Sie suchen nach psychischen Methoden, um die Hindernisse zu überwinden, die das moderne Leben aufgetürmt hat. Nach Methoden, die ihnen helfen, trotz Technik und Rastlosigkeit im Alltag ein innerliches Gebetsleben, überhaupt ein religiöses Leben zu führen. Niemand kann dieses Bemühen vernünftigerweise verwerfen.

Solche Methoden sind nun in den östlichen Religionen stets mehr betont worden als im Christentum. Sie wurden daher immer weiter entwickelt und werden auch heute noch praktiziert. Darum ist es nicht zu verwundern, wenn heute säkularisierte Menschen (aus psychologischen Gründen), aber auch Christen (aus religiösen Gründen) versuchen, sich dort neue Anregungen zu holen.

Eine dieser Methoden ist die Zen-Meditation. Seit vielen Jahren beschäftige ich mich in Japan mit dem Zen. Zunächst wollte ich durch die Methode des Zen weniger etwas für mein eigenes religiöses Leben gewinnen, als vielmehr das japanische Volk tiefer verstehen lernen, um mich als

Missionar besser seiner Eigenart anpassen zu können. Je mehr ich mich mit dem Zen beschäftigte, um so klarer erkannte ich seinen tiefen Einfluß auf das japanische Denken.

Da man das Zen aber allein durch theoretisches Studium nicht verstehen kann, habe ich es auch praktisch geübt und Zen-Meditationen mitgemacht. Dabei wurde mir das Zen auch für mein eigenes religiöses Leben eine große Hilfe. Je mehr ich mich damit befaßte, um so fester wurde meine Überzeugung, daß Zen — richtig geübt — jedem Menschen, gleich welcher Konfession, für sein religiöses Leben von großem Nutzen sein kann. Um auch anderen den Zugang zu dieser Methode zu eröffnen, um ihnen einen Weg zu zeigen, wie man trotz aller Unruhe des modernen Lebens zu einer tiefen inneren Ruhe kommen kann, veröffentliche ich meine Erfahrungen und Eindrücke. Andrerseits ist der Einfluß des Zen auf die japanische Mentalität so groß, daß man es mit Recht als den Schlüssel zum Verständnis der japanischen Seele bezeichnen kann. So hoffe ich denn, hiermit auch einen bescheidenen Beitrag zu einem tieferen Verständnis des Ostens zu liefern.

Seit Fertigstellung des Manuskriptes dieses Büchleins (1958) hat sich innerhalb des Christentums ein sichtbarer Wandel in der Auffassung vieler Fragen vollzogen, der noch im vollen Gange ist. Auf katholischer Seite hat besonders das 2. Vatikanische Konzil neue Wege gewiesen. Unter anderem hat sich damit ein weites Tor zu den nicht-christlichen Religionen hin geöffnet, was für den Inhalt dieses Büchleins von nicht geringer Bedeutung ist. Wir haben diese Tatsache in der neuen Auflage zu berücksichtigen versucht, soweit das möglich war, ohne den Rahmen desselben zu sprengen. Hingewiesen sei auf: Zen-Meditation für Christen, Otto Barth, Weilheim Obb., 2. Auflage 1971; Zen-Buddhismus, Bachem Köln, 2. Auflage 1972; Meditation als Weg zur Gotteserfahrung, Bachem Köln, 2. Auflage 1972.

9

ERLEUCHTUNG

Ich habe mich also zu Zen-Exerzitien angemeldet. Sie fanden im Hosshinji statt, einem Zen-Kloster am japanischen Meer. Es nahmen Laien, aber auch Mönche daran teil. Volle sieben Tage dauerte der Kurs. Morgens standen wir um drei Uhr auf, abends um neun Uhr war Schluß. Die restlichen Stunden hatten wir Zeit für die Nachtruhe, wenn man nicht auch noch einen Teil dieser Stunden zum freien Zazen draußen im Garten benutzte.

DIE ERSTE STUFE

Was ist dieses Zazen nun? Zazen heißt „Zen-Sitzen". Es ist die Zen-Meditation, die in drei Hauptstufen zur Erleuchtung führen soll. Erleuchtung wird japanisch „Satori", d. h. „Verstehen", oder auch „Kenshô", „Wesensschau", genannt. Wollte man versuchen, das Satori oder Kenshô, also die Erleuchtung, zu definieren, so würde bestenfalls eine Interpretation daraus. Definition würde nämlich heißen, daß man die Erleuchtung in bekannte, uns geläufige Begriffe faßt. Erleuchtung aber ist wesentlich eine innere Erfahrung, die man nicht in Begriffen oder Worten eindeutig ausdrücken kann. Darum will ich gar nicht versuchen, eine eigentliche Definition zu geben, sondern einfach die Zen-Meditation beschreiben. Um drei Uhr morgens wurden wir geweckt. Es begann mit einem kurzen Morgengebet, darauf folgten Freiübungen. Anschließend gingen wir in die Zazen-Halle. Sie war 36 Fuß lang und 18 Fuß breit. Entlang der Wände war der Fußboden in einer

Breite von sechs Fuß um etwa zwei Fuß erhöht. Nur die Eingänge waren frei gelassen. Auf dem erhöhten Teil lagen Strohmatten, „Tatamis", wie man sie gewöhnlich in japanischen Zimmern benutzt. Der Fußboden war von einer Art Estrich, man konnte darauf geräuschlos gehen. Die Halle wurde stets im Halbdunkel gehalten. Tagsüber bewirkten das japanische Papierfenster, abends gedämpfte elektrische Lichtquellen.

Jeder hatte in dieser Halle seinen bestimmten Platz. Wir hockten mit dem Gesicht zur Wand auf einem runden, sechs bis acht Zentimeter dicken Kissen, das auf der Strohmatte lag. Die Beine ruhten nicht auf dem Kissen, sondern auf der Strohmatte davor. Wir konnten Fußknöchel und Knie weicher lagern, indem wir unter dem Kissen eine Decke ausbreiteten und die Füße darauflegten. Die Beine sind dabei so verschränkt, daß der rechte Fuß auf dem linken Schenkel ruht und der linke Fuß auf dem rechten Schenkel. Wer das nicht konnte, durfte sich damit begnügen, den rechten Fuß auf den linken Oberschenkel zu legen und den linken Fuß auf der Strohmatte bzw. Decke ruhen zu lassen. Diese Haltung ist für den Anfänger überaus schwierig und schmerzhaft. Selbst nach jahrelanger Übung schmerzen die Gelenke, wenn die Meditation mehrere Tage fortgesetzt wird. So saßen wir mit verschränkten Beinen und mußten den Oberkörper kerzengerade aufrichten, den Kopf gleichfalls aufrecht haltend und das Kinn so anziehend, daß sich die Nasenspitze senkrecht über dem Nabel befand. Wir hielten die Augen geöffnet und blickten etwa einen Meter vor uns auf die Matte oder auf die Wand, wenn einer unmittelbar vor der Wand hockte.

Die Meditation begann. Wir atmeten mehrmals tief ein, hielten den Atem eine Zeitlang an und ließen ihn dann langsam wieder ausströmen. Darauf wiegten wir den Oberkörper einige Male von links nach rechts und zurück bis zur Ruhestellung. Danach durften wir uns bis zum Ende der Meditation nicht mehr bewegen. Diese körperliche Haltung ist wesentlich für den Weg zur Erleuchtung.

Gewöhnlich dauerte die Meditation 40 Minuten. Dann standen wir auf und gingen im Schritt-Tempo dreimal in der Zazen-Halle umher. Die Hände hielten wir vor der Brust zusammen. In anderen Klöstern wird dieser Gang in der Zazen-Halle so langsam gemacht, daß man dabei kaum eine Bewegung wahrnimmt. In jedem Fall aber soll man die innere Haltung des Zazen dabei bewahren. Denn das Herumgehen ist nicht eine Unterbrechung, sondern eine Fortsetzung des Zazen in anderer Form.

Dann folgte eine Pause von etwa zehn Minuten. Wir hielten uns aber im strengsten Stillschweigen in der Nähe der Halle auf. Ein Nachbar hatte von der Wand etwas Staub mitgenommen. Ich durfte ihm aber nicht die Gefälligkeit erweisen, den Staub abzuklopfen. Denn man soll sich einfach um nichts und um niemanden kümmern. Nach der Pause begann die nächste Sitzung. Und so ging es den ganzen Tag hindurch. Im übrigen waren die Pausen für Mahlzeiten und die notwendige Ruhe reichlich bemessen. Die Mahlzeiten wurden freilich in der Zazen-Halle eingenommen, und zwar in derselben Haltung, in der wir meditierten. Wir mußten also gewissermaßen den ganzen Tag Zazen machen.

Welches ist nun die geistige Haltung beim Zazen? Sie ist weit schwieriger als die körperliche, denn man soll das Denken einstellen und doch nicht „dösen". Das erscheint dem Anfänger sinnlos und unmöglich. Wie kann man im wachen Zustand sein, ohne irgend etwas zu denken? Da es sehr schwierig ist, das direkt zu erreichen, hilft man sich auf verschiedene Weise. So soll man z. B. die Atemzüge von eins bis zehn zählen und dann wieder von vorne anfangen. Oder man konzentriert sich auf ein sogenanntes Kôan. Dieses besteht gewöhnlich in einer kurzen Erzählung aus dem Leben eines berühmten Bonzen, durch die eine tiefe Weisheit in einem Paradox ausgedrückt wird. Liest oder hört man das Kôan, so scheint es keinen Sinn zu haben. Es ist ein Rätsel, das durch logisches Denken nicht gelöst werden kann. Über dieses Denken hinaus muß es zur Intuition kommen. Je mehr man nachdenkt, um so unlösbarer wird dieses Rätsel. Bildlich hat ein Bonze das einmal so ausgedrückt: Man muß das Kôan immer wieder kauen, bis der Zahn, mit dem man gekaut hat, von selbst ausfällt. Es gibt eine eigene Sammlung von solchen Kôan, die man bezeichnenderweise „Paß ohne Tor" genannt hat. Doch genügt es, „ein" Kôan zu lösen. Wenn man nämlich eines wirklich gelöst hat, so hat man sie alle gelöst; oder besser gesagt: man hat sein Ziel erreicht. Das Kôan ist überflüssig geworden.

Als Beispiel sei hier das erste Kôan aus der genannten Sammlung angeführt. Es lautet:

„Den Meister Chao-chou (778—897 in China) fragte einst ein Mönch, ob auch in einem Hündlein die Buddhanatur sei oder nicht. Chao-chou sprach: ‚Wu', d. h. ‚Nichts'." Das ist das Kôan. Hat der Hund nun die Buddhanatur oder nicht? Das Rätsel bleibt ungelöst und ist doch mit dieser buchstäblich „nichts"-sagenden Antwort gelöst [1].

Es ist nicht einfach, die Verstandestätigkeit abzustellen. Aber man kann sich darum bemühen. Man kann auch erreichen, daß man an keinem Gedanken hängenbleibt und erst recht nicht an einem Gefühl, das etwa aufkommt. Wir mußten vor allem alle Gedanken, die das eigene Ich betreffen, ausschalten. Alle Sorgen, Wünsche und Pläne, gute oder schlechte, Ehrgeiz, Neid oder Furcht müssen aufhören. Wir wurden immer wieder mit solchen Worten angefeuert, die rechte Geisteshaltung zu wahren: „Das eigene Ich muß sterben. — Wer ganz stirbt, wird ganz auferstehen,

---

[1] Heinrich Dumoulin, Der Paß ohne Tor, Tokyo 1953, 8 ff.

wer nur halb stirbt, wird nur halb auferstehen. — So etwas wie das eigene kleine Ich gibt es überhaupt nicht."

Oder andere Gedanken: Alle Dinge, auch der kleinste Wassertropfen oder der kürzeste Augenblick an Zeit, sind identisch mit dem All. Wir wissen das alles nur theoretisch. Darum ist diese Wahrheit für uns wie ein Reiskuchen, der auf Papier gemalt ist und keinen Geschmack hat. In der Erleuchtung erleben wir diese Wahrheit. Sie gibt uns große Sicherheit und ein ungeahntes Glück. Der Mensch, der die Erleuchtung nicht hat, ist von seinem (empirischen) Ich befangen. Dieses Ich, das er für sein wahres Selbst hält, ist nur etwas Zeitliches. Es ist nicht sein eigentliches Selbst. Sein wahres Ich oder Selbst hat er noch gar nicht zu Gesicht bekommen. Er muß heraus aus dem vermeintlichen Ich, heraus aus diesem Ich-Bewußtsein. Erst dann vermag er sein wahres Selbst, sein Wesen zu erfassen und die wahre Wirklichkeit zu erreichen. Um dahin zu gelangen, muß der Geist leer werden. Der Zustand der Geistleere ist darum kein Dösen oder Schlafen mit offenen Augen.

Ich verstand bald, daß vor den Meditationen kein Thema oder kein Stoff zum Nachdenken gegeben wurde. Auch die Zusprüche, die ich oben zitierte, sind nur Ermunterungen. Der Ausdruck „Meditation" ist also nicht im heute gebräuchlichen Sinn zu verstehen.

Wenn sich trotzdem Gedanken aufdrängen, so schiebt man sie einfach beiseite. Das wird nicht immer gleich gelingen. Man soll das aber auch nicht weiter tragisch nehmen. Man soll sich nicht über die Gedanken ärgern, weil man sich nicht von ihnen losmachen kann. Denn sonst würde man an seinen Ärger gebunden sein. Das ist noch schädlicher. Auf jeden Fall — dialektische Gedankengänge und logische Schlußfolgerungen sind zu unterlassen. Sie bilden das größte Hindernis für die Erleuchtung.

Die vorgeschriebene Körperhaltung soll diese geistige Verfassung erleichtern Ja, man kann sagen, daß erst durch diese körperliche Haltung die „Entleerung" des Geistes möglich wird. Es heißt, sie beeinflusse den Blutkreislauf so, daß die Tätigkeit der „Unbewußtseinsnerven" angeregt wird. Man mag diese Formulierung anfechten. Aber die Wirkung ist tatsächlich festzustellen. Gerade für die östlichen Religionen ist es typisch, daß sie geschickt den Körper zur Beeinflussung des Geistes ausnutzen.

Doch zurück in die Zazen-Halle. Wir wurden bei den Sitzungen stets beaufsichtigt. In der Halle ging ein Mönch herum. Er korrigierte unsere Haltung und gab notwendige Anweisungen. Vor allem aber feuerte er uns Meditierende immer wieder durch Scheltworte und Stockschläge an. Der Schlag schmerzte im Augenblick. Aber er verletzt nicht, da der Stock am vorderen Ende flach ist. Die Schläge kamen auf die Schulter. Schon am frühen Morgen, gleich zu Beginn der ersten Meditation, bekam jeder einen kräftigen Schlag. Je nachdem es der Mönch für gut befand, versetzte er weitere Schläge. Allen oder auch nur einzelnen. Wir konnten auch selbst darum bitten. Das Zeichen dafür war, die Hände schweigend auf der Brust zusammenzulegen.

Der Mönch ging hinter uns so leise, daß es trotz der Stille im Raum kaum zu hören war. Einer war einmal eingeschlafen. Das kann bei dieser äußerst anstrengenden Übung vorkommen. Da ging ein wahres Donnerwetter von Schlägen und Scheltworten auf ihn nieder. Es wäre aber völlig falsch, zu glauben, daß dies aus Zorn oder Unwille geschähe. Es ist vielmehr reines Wohlwollen. Je mehr man geschlagen wird, desto dankbarer ist man. Wer das nicht versteht, macht besser von vornherein nicht mit. Für einen nicht Eingeweihten ist es unverständlich, daß während der ganzen Exerzitien kein einziges freundliches Wort gesagt wird.

Dann kam das „Dokusan", d. h. „Allein-gehen", nämlich zum Rôshi, zum Meister, um von ihm geleitet zu werden.

Bei diesen Übungen ist das sehr wichtig. Die geistliche Führung soll den Übenden vor Irrwegen im Zazen bewahren. Sie soll die Erleuchtung zum Durchbruch bringen, wenn sie reif ist. Die Praxis des Dokusan ist im Zen uralt.

Ich ging also zum Meister, der den Schüler erwartet. Von der Zazen-Halle führte ein langer Gang zu einem eigens dafür bestimmten Zimmer. Auf ein Glockenzeichen hin trat ich ein. Der Rôshi saß auf einem großen Kissen und hielt einen Stab in der Hand. Ich begrüßte ihn in der vorgeschriebenen Weise und hockte mich unmittelbar vor ihm auf den Boden, etwa 20 cm vom vorderen Rand des Kissens entfernt, auf dem der Rôshi saß.

Der Schüler soll gewissermaßen in den Meister eintreten. Er soll ihm nahe genug sein, damit der Meister ihm gelegentlich einen Schlag versetzen oder ihn anbrüllen kann, so daß er erschreckt zusammenfährt. Man mag einwenden, dies sei eine barbarische Methode. Doch hat sie ihre große Bedeutung. Der Meister soll ja den Schüler nicht nur durch Worte leiten, sondern auch die Erleuchtung erwecken, was viel schwieriger ist. Die Erleuchtung wird aber nicht durch intellektuelle Bemühungen erlangt, sie ist eine Intuition. Der Meister fühlt gleichsam, wann der Schüler reif ist für die Erleuchtung. Hält er den rechten Augenblick für gekommen, so versetzt er ihm einen Schlag oder brüllt ihn an. Er schreckt ihn so aus seiner Finsternis auf. Im Inneren des Schülers geht ein Licht auf, wie wenn ein Funke aus einem Stein geschlagen wird. Ohne Hilfe des Meisters würde der Schüler viel später oder nie zur Erleuchtung kommen.

Als ich den Rôshi am Schluß der Übung fragte, was er mir nun für die Zukunft rate, sagte er, ich solle täglich morgens und abends, wenn es meine sonstigen Pflichten gestatteten, 20 bis 30 Minuten Zazen machen und gelegentlich wieder zu den Übungen kommen. Um die Erleuchtung zu erlangen, sei es notwendig, auch außerhalb der Zeit der Exerzitien Zazen zu machen.

Das waren meine ersten Zazen-Übungen im Hosshinji. Das, was ich hier beschrieben habe, das Sitzen mit verschränkten Beinen, zusammen mit dem Bemühen um die Leere des Geistes durch Verstandes- und Willenstätigkeit, bildet aber erst die erste Stufe auf dem Wege zur Erleuchtung. Aber diese Stufe hat in sich schon manche Werte, auch wenn einer nie bis zur Erleuchtung kommt. Sie wird daher von Laien auch um ihrer selbst willen geübt. Es gibt auch heute noch Japaner, die Jahr für Jahr an solchen Zen-Exerzitien teilnehmen. Es sind wahrhaftig nicht die schlechtesten ihres Volkes. Auch ist es kein geringes Opfer, die wenigen Ferientage für solche Übungen zu verwenden, während sich andere dem Vergnügen hingeben.

Man könnte nun fragen: Was für einen Sinn hat es denn, stundenlang zu hocken und nichts zu denken? Es hat seinen Sinn. Denn es ist schon etwas wert, sich für ein paar Tage von allen seinen ichbezogenen Gedanken freizumachen. Solche Übungen verdummen nicht, wie vielleicht manche meinen. Sie geben vielmehr Anregung zu neuem Schaffen. Einmal hatte ich wieder an einem Kurs teilgenommen. Er war nur für Laien bestimmt. Am Schluß saßen alle Teilnehmer gemütlich beim Tee zusammen, „Zadankai" nennt man das, und gaben ihre Eindrücke wieder. Da war ein Redakteur einer Zeitschrift. Er sagte, daß er immer geistig erneuert von den Zen-Exerzitien zu seiner Arbeit zurückkehre und viel besser schreiben könne. Eine Kunstmalerin bekam durch diese Exerzitien neue Inspirationen usw. Also ist gerade die Leere fruchtbar.

Diese Exerzitien wirken vor allem auch moralisch-asketisch. Denn sie schließen immer das Bestreben ein, sich von seinen ungeordneten Leidenschaften freizumachen. Das Ich soll ja sterben. Das „Muga", d. h. „Nicht-Ich", ist das Thema, das immer wiederholt wird. Alle Gefühle der

Angst, des Stolzes, des Neides usw. müssen mit dem Ich sterben. Auch die christlichen Exerzitien haben den Zweck, die bösen Neigungen auszurotten. Aber man geht dabei anders vor. Man betrachtet die Glaubenswahrheiten und faßt entsprechende Entschlüsse. Dann beginnt der Kampf gegen die Hindernisse, die sich der Ausführung der Entschlüsse in den Weg stellen. Beim Zazen dagegen betrachtet man nicht, sondern leert gewissermaßen den Geist aus. Man zertrümmert sozusagen diese Hindernisse, das Ungeordnete im Menschen.

Schon auf dieser ersten Stufe lernt daher der Mensch, sich selbst zu beherrschen, also seine bösen Leidenschaften im Zaum zu halten. Die Selbstbeherrschung der Japaner ist bekannt. Gewiß kann sie auch zum Fatalismus ausarten. Umgekehrt kann sie aber auch eine wertvolle natürliche Tugend sein. Diese Eigenschaft des japanischen Volkscharakters hängt eng mit dem Zazen zusammen. So hat denn diese erste Stufe auf dem Weg der Erleuchtung ihren Eigenwert, unabhängig davon, ob jemand bis zur zweiten und dritten Stufe kommt. In alter Zeit wurde sie übrigens von den Samurai (Rittern) geübt, um die volle Gleichmütigkeit gegenüber Tod und Leben zu erlangen. Es hieß: Leben und Tod sind eins. Bis zum Ende des zweiten Weltkrieges wurde sie von japanischen Militärs zum selben Zweck geübt. Denken wir nur an die japanischen Piloten, die sich auf feindliche Schiffe oder Flugzeuge in den sicheren Tod stürzten.

Wer solche Wirkungen des Zazen überdenkt, erinnert sich vielleicht an die Heilmethoden der modernen psychoanalytischen Richtungen. Was hält man nun in Japan vom Zen im Sinne einer solchen Heilmethode? Scheint doch vor allem das autogene Training in seiner Anwendung und seinen Wirkungen den Zen-Meditationen auf den ersten Blick nicht ganz unähnlich zu sein. Die Zen-Mönche aber würden es als eine Profanation betrachten, wollte man ihre Meditationen einer Heilmethode gleichsetzen. Aber was sagen die Mediziner in Japan zu der Frage? Bis vor kurzem sprach man in diesem Zusammenhang nur von der Morita-Methode, die übrigens auch im Westen bekannt ist. Das verwundert, zumal aus der Geschichte feststeht, daß durch Zazen Heilungen stattgefunden haben. Das klassische Beispiel liefert der berühmte Mönch Hakuin. Er war in jungen Jahren schwer lungenkrank. Im Angesicht des Todes übte er aber ohne Rücksicht auf seine Gesundheit mit Feuereifer Zazen. Er wurde dabei geheilt und sogar 80 Jahre alt. In letzter Zeit interessiert sich auch in Japan die Wissenschaft, sowohl die Medizin als auch die Psychologie, für diese Frage.

DIE ZWEITE STUFE

Auf der ersten Stufe hat man die Erleuchtung nicht. Man weiß auch nicht, was sie ist. Auf der zweiten Stufe hat man sie auch nicht, aber man kommt ihr sozusagen auf die Spur. Es gibt eine bildliche Darstellung vom Weg zur Erleuchtung in zehn Bildern von einem Bauern, der seinen Ochsen sucht. Auf dem ersten Bild sieht man den Bauern hier und dort planlos suchen. Das ist die erste Stufe. Man ahnt noch nicht, was die Erleuchtung eigentlich ist. Alle Vorstellungen, die man sich davon macht, sind sicher falsch und hindern, daß man sie bekommt. Ich muß gestehen, daß es mir auch so ging, trotz allem, was ich über Zen und Erleuchtung gelesen hatte. Bei den oben beschriebenen Exerzitien im Hosshinji bin ich nicht bis zur zweiten Stufe vorgedrungen. Ich habe aber erfahren, daß das Zazen schon im ersten Grade die Nachwirkung eines gewissen inneren Freiwerdens hat. Das wird jedem so gehen, der sich diesen Übungen mehrere Tage unterzieht, vorausgesetzt freilich, daß die Schmerzen in den Gelenken nicht so groß sind, daß sie das Zazen zu einer bloßen Geduldsprobe machen. Das kann auch vorkommen und wird bei den meisten Anfängern so sein, wenn sie sich nicht vorher darin geübt haben. Ich fragte einmal Teilnehmer an einem Laienkurs, welche Eindrücke sie hatten. Sie sagten nur: „Schmerzvoll." Wenn die Schmerzen in einigermaßen erträglichen Grenzen bleiben, ist die Gesamtwirkung wohltuend. Aber damit weiß man noch nicht, was die Erleuchtung ist. Man weiß nur, daß man suchen muß, gerade wie der Bauer, bis er die Spur des Ochsen gefunden hat.

Auf der zweiten Stufe verhalten sich die Seelenkräfte noch passiver als auf der ersten. Da eine Erklärung überaus schwierig ist, will ich zunächst einfach die Symptome beschreiben, die dabei auftreten oder auftreten können.

Wer längere Zeit Zazen auf der ersten Stufe gemacht hat, wird zwar früher oder später innere Erlebnisse haben, die er bisher nicht hatte. Wenigstens nicht, wenn er ein normal veranlagter Mensch ist. Der Zeitpunkt läßt sich nicht allgemein festlegen. Er hängt davon ab, wie oft und mit welchem Eifer man die Zazen-Exerzitien gemacht oder privat Zazen geübt hat. Manche Leute haben diese Erlebnisse schon beim ersten Kursus. Sie sind jedoch nicht bei jedem gleich, aber immer sind sie etwas Neues. Man sieht z. B. Gestalten vor seinen geöffneten Augen. Wenn der Betreffende Buddhist ist, sind die Gestalten vielleicht eine Kannon (Bodhisattva der Barmherzigkeit) oder andere Bodhisattvas. Von einem Mönch — er lebt übrigens noch — wurde mir erzählt, er habe, bevor er zur Erleuchtung kam, in diesem Zustand alle buddhistischen Heiligen in Prozession vor sich vorbeiziehen sehen. Das Phänomen sei so stark gewesen, daß er sich nicht davon freimachen konnte. Schließlich sei er in einen großen Behälter mit Wasser gesprungen, aber die Prozession sei weitergegangen. — Im allgemeinen wird man Erscheinungen von Heiligen angenehm empfinden. Aber es gibt auch solche anderer Art. Etwa wilde Tiere, die einen drohend anblicken. Ein mir bekannter Mönch sah ein großes Auge, das ihn anstierte, und dergleichen mehr. Es kommt auch vor, daß man Stimmen hört, so deutlich, daß man sich unwillkürlich umschaut in die Richtung, aus der die Stimmen zu kommen scheinen.

Es gibt auch weniger lebhafte Erscheinungen. Mir ging es so, daß ich mich gewissermaßen an den Punkt, auf den ich blickte, angebunden fühlte. Dann war mir, als zögen dunkle Schatten vor meinen Augen vorbei. Auch sah ich violette Flecken oder Funken auseinanderstieben wie bei einem Feuerwerk. Das wiederholte sich viele Male.

Wie soll man sich das Auftreten solcher Gestalten erklären? Der Mönch, der uns Anfänger einführte, erklärte: Da beim Zazen die normale Verstandestätigkeit allmählich zurücktrete, würde das Unterbewußtsein frei. Daraus stiegen die Gestalten auf. Alle diese Phänomene nennt man Makyô. Das bedeutet soviel wie Geisterwelt. In Wirklichkeit sind es jedoch keine Geister, und man behauptet das auch nicht. Im Gegenteil wird stets gewarnt, daß man sich nicht auf diese Phänomene einläßt. Sie sind nicht die Erleuchtung, auch nicht, wenn sie angenehmer Art sind. Wer sich darauf einläßt, wird die Erleuchtung nicht bekommen, solange er sich nicht davon freimacht. Übrigens verschwinden alle diese Phänomene, wie sie gekommen sind, wenn man sich nicht um sie kümmert, sondern weiter versucht, an nichts zu denken. Wohl aber bleiben oft andere psychologische Zustände, die man nicht sieht, sondern fühlt. Sie sind schwer zu beschreiben. Jedenfalls sind es Zustände oder ist es ein Zustand, der sich von der ersten Stufe unterscheidet. Es ist nicht mehr nur Betätigung von Verstand und Wille, sondern eher ein passives Erfahren. Darum hat man diesen Zustand auch eine psychologische Ekstase genannt. Je nachdem wie stark er auftritt, ist der Ausdruck wohl berechtigt. Ich möchte ihn lieber eine tiefe Geistessammlung oder Versenkung nennen. Auch fühlt man dabei zeitweilig ein Gedrängtwerden auf irgendein Etwas, das man nicht kennt, nach einem Unbewußten — man könnte auch sagen, ein Drängen nach einem Aus-sich-Heraustreten. Und je weiter man die innere Haltung des Nichtdenkens vorantreibt, desto stärker wird dieses Drängen.

Diese zweite Stufe ist also nicht die Erleuchtung. Daher darf man nicht auf ihr stehenbleiben. Andrerseits ist sie ein Zeichen, daß man auf der richtigen Fährte ist. Der Zen-Meister wird sich stets freuen, wenn er feststellt, daß sein Schüler in das Makyô eintritt. Nun besteht die Aussicht, daß er zur Erleuchtung kommt. Er kann von neuem Mut fassen, weiterzumachen, ganz gleich, was es an Opfern kosten mag. Es ist das zweite Bild in der oben genannten Sammlung: der Bauer entdeckt die Spur des Ochsen.

Auch in sich betrachtet, ist die zweite Stufe wertvoll. Zunächst enthält sie alle Eigenwerte der ersten Stufe in erhöhtem Maße. Aber das ist nicht alles. Der Zustand dieser Stufe dauert nach dem Zazen in etwa weiter an. Es ist jedoch nicht so, daß Verstand und Wille gebunden bleiben. Im Gegenteil, sie stehen uns voll und ganz zur Verfügung, so daß die Berufsarbeit nicht gehindert, sondern gefördert wird. Überdies bleibt ein gewisser Friede in der Seele zurück, ähnlich wie nach einer guten Gebetsstunde, und man fühlt sich weniger abhängig von Dingen, die man sonst nicht entbehren zu können glaubte. Der innere Mensch ist freier geworden. Er läßt sich nicht so leicht durch allerlei Widerwärtigkeiten und Schicksalsschläge aus dem Gleichgewicht bringen. Oft sagen wir uns, es ist unvernünftig oder nutzlos, daß wir uns über etwas Bestimmtes ärgern und darüber nachgrübeln. Dennoch werden wir diesen Gedanken nicht los. Er ist wie ein Film, der immer weiterläuft. Man möchte ihn abschneiden, kann es aber nicht, Das wird durch das Zazen, zumal auf dieser Stufe, ganz anders. Man wundert sich über sich selbst und fragt sich vielleicht: Bin ich denn

23

ein anderer Mensch geworden? Und gelingt es nicht gleich, mit einer solchen Situation fertig zu werden, so gelingt es doch viel schneller als zuvor. Unsere Mitmenschen werden uns kaum noch oder gar nicht mehr Anlaß zu Ärger, und, was nicht weniger wichtig ist, wir werden für die anderen angenehmere Menschen. Wir brausen nicht mehr auf, sind nicht mehr so launenhaft oder melancholisch, oder was sonst einen Menschen zur Plage seines Mitmenschen machen kann. Wir werden ausgeglichener oder zugänglicher. Also ist Zen nicht nur Solipsismus, sondern hat auch soziale Werte.

Eine andere Nachwirkung des Zazen: Man kann sich leichter auf etwas konzentrieren. Das merkt man schon beim Lesen. Besonders wirkt sich das günstig auf das religiöse Leben aus. Wenn jemand vorher beim mündlichen oder liturgischen Gebet zerstreut war, ist er überrascht, daß es auf einmal besser geht. Einem in Seelsorge oder Karitas vielbeschäftigten Priester gelingt es vielleicht jetzt zum ersten Male, einen ganzen Psalm zu beten, ohne auch nur ein Wort davon zu verlieren.

Mit einem Wort: Auf der zweiten Stufe beginnt der Geist die Oberhand über den Leib mit seinen Sinneseindrücken zu gewinnen. Aber das geschieht nicht auf dem Umweg über Erkenntnis und Willensentschlüsse, sondern direkt und unmittelbar. Das eben ist die eigenartige und überraschende Wirkung dieser Askese. Naturgemäß sind die Nachklänge um so stärker, je tiefer und länger man beim Zazen im Zustand der Versenkung war.

Noch eine andere Wirkung sei erwähnt. Auf dieser zweiten Stufe findet die Vereinigung mit den kosmischen Kräften statt. Dadurch wird der Mensch instandgesetzt, übermenschliche Dinge zu vollbringen. Diese Erscheinungen sind vom indischen Yoga her hinreichend bekannt. Sie treten aber nur auf, wenn man es darauf anlegt. Im Zen wird heute die Ausnützung dieser Stufe im genannten Sinne

24

allgemein abgelehnt. In früheren Zeiten scheint das sehr geblüht zu haben. Dagegen hat Dôgen (1200—1253), der Begründer der Sôtô-Sekte in Japan, sich ganz für das Zazen als Weg zur Erleuchtung eingesetzt. Gelegentlich findet man freilich auch jetzt noch in Japan solche magische Kräfteausnutzung.

DIE DRITTE STUFE

Als Übergang zur dritten Stufe möchte ich ein Erlebnis berichten, das ich ein halbes Jahr nach den anfangs beschriebenen Zazen-Exerzitien hatte. Ich machte im Sôjiji, einem großen Zen-Kloster bei Tôkyô, unter Leitung eines 88jährigen erfahrenen Meisters, diesmal privatim, die Übungen. Es war am dritten Tage während des Zazen. Ich war vertieft in das Wort Dôgens: „Shinjin datsuraku“, d. h. „Leib und Seele sind mir ausgefallen“, das mir der Zen-Meister kurz vorher gesagt hatte. Da war mir plötzlich, als ob ich in die Höhe gezogen würde. Der Atem wurde ganz tief, und nach einigen Atemzügen fühlte ich mich geistig in eine höhere Lage gehoben, in der Totenstille herrschte. Der Übergang in diesen Zustand vollzog sich nicht leichthin, sondern eher wie durch Gewalt. Als ich mich dann aber in ihm befand, fühlte ich nichts Gewaltsames oder Unangenehmes mehr, allerdings auch keinen besonderen geistlichen Trost. Während des Überganges und auch während des Zustandes fühlte ich kaum mehr Schmerzen in den Gelenken, obwohl sie vorher ziemlich stark waren. Auch die Kälte fühlte ich nicht mehr, obwohl es Mitte November und die Zazen-Halle mit ihren Papierfenstern sonst empfindlich kalt war. Die Zeit verging schneller. Ich fühlte, daß ich in diesem Zustand so lange bleiben konnte, wie ich wollte. Es war wie das Ersteigen eines Berges. Ist man einmal oben, so kann man dort bleiben, bis man sich entschließt, wieder hinabzusteigen. Das Denken war nicht unmöglich, aber gewissermaßen leise und wie von ferne. Dieses Erlebnis hatte ich am gleichen Tage noch mehrmals und auch am folgenden Tage. Aber es trat immer erst ein, nachdem ich 40 Minuten oder länger gehockt war. Andrerseits stand es doch nicht einfach in meinem Belieben, in diesen Zustand hineinzukommen. Im Gegenteil: mir erschien das direkte Bemühen darum eher wie ein Hindernis. Aber, wie gesagt, war ich einmal hineingekommen, stand es mir frei, darin zu bleiben, so lange ich nur wollte. Es ging mir wie jemandem, der eine schwere Kugel eine schiefe Ebene hinaufzustoßen versucht, die oben in eine waagerechte Fläche ausläuft. Gelingt es ihm nicht, sie bis oben hinaufzustoßen, so rollt sie immer wieder zurück. Ist sie aber einmal oben, kann sie nicht mehr von allein zurückrollen.

Als ich dem Zen-Meister davon berichtete, schien er sogleich zu verstehen, worum es sich handelte. Er sagte, das sei ein Zeichen, daß man recht in das Zazen hineinkomme. Aber die Erleuchtung war das noch nicht. Man hätte es eine psychologische Ekstase nennen können.

Ich will jetzt versuchen, die dritte Stufe zu beschreiben. Das ist die Stufe der eigentlichen Erleuchtung oder Wesensschau. Sie ist noch viel schwieriger zu beschreiben als die zweite. Eigentlich ist es gar nicht möglich, sie zu schildern, weil nur der sie verstehen kann, der sie selbst erlebt hat. Trotzdem will ich versuchen, das Erlebnis in gewöhnlichen Worten und nicht mit bestimmten, in der Psychologie gebräuchlichen Fachausdrücken zu beschreiben. Danach werde ich versuchen, das Phänomen psychologisch zu deuten. Zum Schluß will ich eine begriffliche Interpretation geben.

1. Beschreibung des Phänomens: Kôsen Imakita, ein bedeutender Zen-Mönch aus der Meijizeit, der ursprünglich

Konfuzianer war, stellte dieses Erlebnis so dar: Als ich eines Nachts in Meditation versunken war, geriet ich plötzlich in einen ganz merkwürdigen Zustand. Ich war wie tot. Alles war wie abgeschnitten. Es gab kein Vorher und kein Nachher mehr. Der Gegenstand (meiner Betrachtung) und mein Selbst waren verschwunden. Das einzige, das ich fühlte, war, daß das Innere meines Selbst vollkommen geeint war und erfüllt von allem, was oben und unten und ringsum ist. Ein grenzenloses Licht strahlte in mir. Nach einer Weile kam ich wieder zu mir wie einer, der von den Toten auferstanden ist. Mein Sehen, Hören, Reden, meine Bewegungen und meine Gedanken waren ganz verschieden von dem, was sie bis dahin gewesen waren. Als ich tastend versuchte, an die Wahrheiten der Welt zu denken und den Sinn des Unbegreiflichen zu erfassen, verstand ich alles. Es erschien mir klar und wirklich. Ohne es zu wollen, begann ich, in übergroßer Freude meine Hände hochzuwerfen und mit den Füßen zu tanzen. Und plötzlich rief ich aus: Eine Million Sutras sind nur wie eine Kerze vor der Sonne. Wunderbar, wirklich wunderbar. — Darauf verfaßte Kôsen das folgende Gedicht:

„Ja, wir haben einander lange nicht mehr gesehen,
Konfuzius! Wem soll ich's danken, daß ich
in solch einer Welt dich antreffen durfte?
Doch nein, ich selbst habe mich hier eingeführt"[2].

Die letzten Worte erinnern an Novalis' Distichon:

„Einem gelang es, — er hob den Schleier der
                                    Göttin von Sais —
Aber was sah er? — er sah — Wunder des
Wunders, sich selbst."

[2] Kôsen Imakita, Zenkai-Ichiran. Minetaro Yamanaka, Zen to wa nanika (Was ist Zen?) Tôkyô, 1958, S. 41—42.

27

Sie erinnern auch an seine dritte Hymne an die Nacht:

> „Über der Gegend schwebte mein entbundener, neu geborener Geist."

Man kann den Zustand der Erleuchtung wohl als ein Hinaufgerissensein auf eine höhere Ebene bezeichnen. Das Objekt, mit dem man sich vorher eins fühlte, ist verschwunden. Es herrschen vollkommene Einheit, Ruhe und Friede. Der Strom des Bewußtseins im gewöhnlichen Sinne ist abgerissen. Treffend sagte Dôgen, als er dieses Erlebnis zum ersten Mal hatte: „Leib und Seele sind mir ausgefallen", worauf sein Meister tiefsinnig erwiderte: „Ausgefallenen Leib und Seele hast du." Das ist noch viel mehr eine psychologische Ekstase als die zweite Stufe. Wenn die weiter unten folgende Erklärung richtig ist, kann man diese dritte Stufe noch besser eine Enstase nennen, wie das manche Autoren auch getan haben. Es besteht ein klarer Unterschied gegenüber der ersten und auch der zweiten Stufe. Der Eintritt ist plötzlich, es bricht einem der Schweiß dabei aus. Alle Gegensätze scheinen aufgehoben zu sein. Es besteht kein Unterschied mehr zwischen Ja und Nein. Jedem, der das nicht erlebt hat, erscheint das unsinnig. Es muß ihm so erscheinen. Aber wer es erlebt hat, weiß, was gemeint ist.
Wenn wir diesen Zustand ein Hineingerissensein in die Leere nannten, so scheint das eine gewisse Unfreiheit anzudeuten. Es ist richtig, daß das Gerissensein passivisch ist. Es ist auch richtig, daß in diesem Zustand ein dialektisches Denken und ein Aufspalten der Begriffe aufhört. Ja, man muß sagen, daß das Denken im gewöhnlichen Sinne überhaupt aufhört. Und doch ist es eine wahre Befreiung des menschlichen Geistes, eine Befreiung aus der Welt der Sinne und eine Befreiung aus der auf diesen beruhenden Welt der Begriffe. Abgesehen von der Beziehung zu Gott, läßt sich auf diesen Zustand anwenden, was

Thomas Merton im „Aufstieg zur Wahrheit" über den Eintritt in die Mystik sagt: „In diesem Augenblick fällt das Bewußtsein unseres falschen, alltäglichen Selbst von uns ab wie ein schmutziges, von Nässe und Kot beschwertes Kleid. Das tiefere Selbst, das zu tief liegt für die Überlegung und Zergliederung, wird frei und versinkt im Abgrund göttlicher Freiheit und göttlichen Friedens. Nun bleibt keine Anspielung mehr auf das, was in uns, noch weniger auf das, was um uns geschieht. Wir stehen zu tief unter der Oberfläche, auf der die Überlegung vor sich ging" [3]. Daraus folgt freilich nicht, daß man die Erleuchtung einfach mit der mystischen Vereinigung identifizieren kann. Aber Menschen, die viel Erfahrungen im Zen haben und zur Erleuchtung kamen, haben mir gesagt, daß die Worte Mertons ihr eigenes Erlebnis sehr gut wiedergäben. Im Osten haben viele, die dieses Erlebnis hatten, seine unschätzbaren Werte beschrieben. Es wird als Befreiung von aller Angst bezeichnet, als vollkommene Erleuchtung und höchstes Glück. In Japan freilich ist dieses Erlebnis mehr durch Poesie und Malerei und die ganze Zen-Kunst zum Ausdruck gebracht als durch die Beschreibung von Seelenzuständen. Als ich meinen Zen-Meister, Sogaku Harada, der dieses Erlebnis schon zwei oder drei Jahre nach seinen ersten Exerzitien hatte, fragte, ob man selbst mit Sicherheit feststellen könne, daß man die Erleuchtung erhalten habe, lachte er und sagte: Selbstverständlich. Man sieht hundertmal mehr als vorher.

Andrerseits finden wir, daß hocherleuchtete Zen-Mönche, deren Namen in die Geschichte eingegangen sind, auf die Frage, was nun die Erleuchtung eigentlich sei, nur mit Paradoxen antworteten oder so, daß man nicht erkennen kann, was die Antwort mit der Frage zu tun hat. Von Chü-chih (9. Jahrhundert) wird erzählt, er habe als Antwort nur

[3] Thomas Merton, Aufstieg zur Wahrheit, Einsiedeln—Zürich—Köln 1952, 218.

immer schweigend den Finger erhoben. Ein anderer, Chao-chou, antwortete: „Der Eichbaum vor dem Garten." Wieder ein anderer, Hakuin, klatschte in die Hände, erhob dann die eine Hand und fragte: „Hörst du den Ton der einen Hand?"

Auch heute noch erhält man auf die Frage, was die Erleuchtung sei, von Zen-Fachleuten nie eine befriedigende Antwort. Meistens sind es traditionelle Aussprüche, die keine Erklärung, sondern vielmehr die Ablehnung einer Erklärung sind. Der Anfänger ist darüber vielleicht ungehalten, aber wenn er selbst Zazen übt und einige innere Erfahrungen macht, versteht er, daß man diese Erlebnisse und insbesondere die Erleuchtung nicht so beschreiben kann, daß es der Nichterfahrene versteht, und daß darum die paradoxen Antworten vielleicht die besten sind.

Am leichtesten ist es, die Erleuchtung aus ihren Wirkungen zu beurteilen. Aber bevor wir über diese Wirkungen sprechen, wollen wir zu erfassen versuchen, was die Erleuchtung, psychologisch gesehen, ist.

2. *Psychologische Deutung:* Hier möchte ich auf die vorzügliche Darstellung verweisen, die Louis Gardet in seinem Buch „Mystische Erfahrungen in nichtchristlichen Ländern", unter der Überschrift „Erfahrung des Selbst", gibt. Er spricht dort von der Rückkehr des Selbst zu sich selbst. Was er da schreibt, ist zunächst von dem Raja-Yoga gemeint, gilt aber auch vom Zen, sofern man hier überhaupt mit der Terminologie der Psychologen arbeiten kann. Das höchste Erlebnis dieses Yoga gleicht dem des Zen.

Da heißt es nun: „Ich beabsichtige hier nicht, von der verstandesmäßigen Erkenntnis des psychologischen und moralischen Ich zu sprechen. Es handelt sich nicht darum, daß der Mensch seine Akte oder seine Bewußtseinszustände einer Betrachtung unterzieht, einer Betrachtung, die ihrer Natur nach bestrebt ist, sich in Gedanken auszudrücken. Unterstellen wir ihr den höchsten Grad der Intensität. Sie wird zu einer ausgesprochenen Bemächtigung des Ich schreiten und dabei in ihrem intuitiven Blick ebenso wie in der verstandesmäßigen Erfassung ihrer Akte unaufhörlich bereichert werden. Mag die Betrachtung in dem Sinne einer intellektuellen Analyse vorgehen oder in dem einer Intensivierung der Gefühlszustände, sie bleibt immer auf der Linie von Akten des Intellektes und des Willens — und der Sinne und der Einbildungskraft. Wenn das erstrebte Ziel ein tiefer Gemütszustand ist, kann der Akt, der dabei Ursprung ist, so gut wie unwahrnehmbar werden, kann das Subjekt den Eindruck haben, daß es gleichsam am Mittelpunkt seines Ich angelangt ist. In Wahrheit hält sich noch alles auf der Ebene einer gedanklichen Erfahrung der Akte, was darauf hinweist, daß ein primär Existierendes, das den Akten zugrunde liegt und aus dem sie hervorgehen, sich noch gar nicht preisgegeben hat.

Aber es handelt sich eben jetzt um etwas ganz anderes. Es handelt sich nicht mehr um einen Abstieg in die innersten Falten der Subjektivität. Es handelt sich im Gegenteil darum, über die als solche gespürte Subjektivität hinauszukommen auf das Absolute zu, für das sie das Zeichen ist. Das Hineinblicken in das Ich, das sich erfährt, die Introspektion, ist eine normale menschliche Erkenntnis, ebenso normal wie die Betrachtung der äußeren Welt. Eine radikale Zurückwendung des Selbst auf sich selbst bewegt sich gerade in der Gegenrichtung zur gewohnten Art der Erkenntnis beim Menschen. Es beginnt erst jenseits der gespürten Bewußtseinszustände, der psychologischen wie der moralischen. Nach der Auffassung der großen Experimentatoren des Selbst... beginnt der Weg für sie überhaupt erst, nachdem sie über die gewohnten Akte des erfahrbaren Ich hinausgegangen sind und sie hinter sich zurückgelassen haben. Vielleicht hätte der Mensch, der in der griechisch-lateinischen Tradition und des modernen Abendlandes steht, niemals die Möglichkeit dieser unaussprechlichen Erfahrung, ohne Worte, auf das absolute Zentrum seines Selbst zu, klar in den Blick bekommen ... Aber hier bietet sich seiner Betrachtung das mit Nachdruck bejahende Zeugnis einer ganzen Kultur an, die geistig zu den reichsten der Welt gehört. Ich spreche von der indischen Kultur in ihren vielfältigen Gestaltungen." — Ähnliches läßt sich vom Zen in Japan sagen. — „Sicherlich wird die Formung dieser Erfahrung, vor allem aber der Versuch, sie in Begriffe zu spannen, nach Maßgabe bestimmter Voraussetzungen grundverschieden sein — je nachdem z. B. die Existenz eines absoluten Ich angenommen oder abgelehnt wird. Die Erfahrung selbst wenigstens ist da, unermüdlich beschrieben, und unermüdlich ist die Existenz ihres Zieles bejaht worden, das in dem vollständigen Für-sich-Sein und in der Befreiung besteht." — So weit Louis Gardet [4].

Man kann mit Recht die Erleuchtung eine mystische Erfahrung nennen. Aber sie liegt doch innerhalb der natürlichen Ordnung. Daher ist sie dem Menschen auch durch natürliche Kräfte zugänglich. Ist die Erklärung, die ich gegeben habe, richtig, so versteht man auch, daß man auf jede Erkenntnis im gewöhnlichen Sinn verzichten muß. Der einzige Akt des Erkenntnisvermögens muß darin bestehen, sich in seinem Akt auszulöschen. Man hat das treffend einen „Salto mortale vom mentalen Sprungbrett" genannt. Denn es geht hier um die Erfahrung der reinen Existenz. Diese aber liegt eben vorab oder außerhalb aller Erkenntnisakte. Das Selbst muß über sich selbst hinausgehen. Es muß bis zur Quelle seines Seins gehen. Man sagt deshalb auch im Zen, daß bei der Erleuchtung die ursprüngliche Gestalt des Menschen in Erscheinung trete. Daher die Bezeichnung Wesensschau.

Vielleicht kann man auch sagen, daß der Geist in seiner Tätigkeit vom Körper unabhängig wird und die Wahrheit

[4] Louis Gardet, Mystische Erfahrungen in nichtchristlichen Ländern, Colmar 1957, 20 ff., 44.

ENGAKUJI, KAMAKURA
13. JAHRHUNDERT, HAUPTTOR

DIE ZAZENHALLE MIT SITZKISSEN

nach Art des reinen Geistes schaut. Normalerweise kann der aus Körper und Geist bestehende Mensch ohne irgendwelche Mithilfe des Körpers keine Erkenntnis haben. Aber hier wird diese Bedingung in etwa aufgehoben. In diesem Sinne sagt Thomas von Aquin von der eingegossenen Beschauung, daß man dort nach Art der Engel tätig sei. — Die angeführten Erlebnisberichte scheinen diese Auffassung zu bestätigen:

Kôsen Imakita: „ . . . ich war wie tot . . . ein unbegrenztes Licht strahlte in mir . . . wie einer, der von den Toten auferstanden ist . . . da verstand ich alles . . .“

Novalis: „ . . . mein entbundner, neu geborener Geist.“

Dôgen: „Leib und Seele sind mir ausgefallen.“ — „Leib und Seele“ heißt hier: alles, was den Menschen ausmacht. In diesem Erlebnis offenbart sich die Existenz und Überlegenheit des menschlichen Geistes mit einzigartiger Klarheit und überragender Kraft.

3. Begriffliche Interpretation: Wir haben in Kürze die Erleuchtung als Phänomen beschrieben und eine psychologische Deutung versucht. Damit ist noch nichts über den Inhalt der Erleuchtung ausgesagt, ja, noch weniger als nichts, denn wir nannten die Erleuchtung die absolute Leere. Und doch haben wir wiederholt vom Reichtum dieser Leere gesprochen. Daß dieser Reichtum sich in wertvollen Wirkungen der Erleuchtung zeigt, haben wir schon gesagt und werden wir später noch weiter ausführen. Aber worin besteht dieser Reichtum selbst? Kann man über den Inhalt der Erleuchtung nichts anderes sagen, als daß sie eben die absolute Leere ist?

Eigentlich kann man gar nicht von einem Inhalt der Erleuchtung sprechen. Denn was immer man mit diesem Inhalt bezeichnet, bedeutet eine Begrenzung. Das aber ist falsch, da die Erleuchtung ihrem Wesen nach unbegrenzt ist. Sie ist das Erlebnis des Absoluten und Unbegrenzten.

Wir können daher nicht von einer inhaltlichen Interpretation sprechen, sondern nur von einer begrifflichen. Freilich kommen wir auch da in Schwierigkeiten, weil man die Erleuchtung nicht in Begriffe fassen kann. Andrerseits meint man bei der Frage, was die Erleuchtung eigentlich sei, eben gerade, was sie begrifflich ist. Man möchte z. B. wissen, ob sie eine Intuition ist, und wenn sie das ist, was der Gegenstand der Intuition ist. Die Antwort auf diese Frage ist noch schwieriger als die Beschreibung des Phänomens oder die psychologische Deutung. Aber ich will doch versuchen, eine Antwort zu geben. Denn wenn man die Frage auch nicht vollkommen beantworten kann, so läßt sich doch vielleicht einiges darüber sagen, was zwar nicht alles, aber doch richtig ist.

Was ist also die Erleuchtung, begrifflich gesprochen? — Wenn man sonst von einer Erleuchtung spricht, so meint man damit, daß man etwas besonders klar erkannt hat. Es ist einem „ein Licht aufgegangen", wie man sagt. Man hat z. B. die Vergänglichkeit alles Irdischen mit so großer Klarheit erkannt wie nie zuvor, vielleicht so stark, daß man sich dazu entschließt, ein ganz neues Leben zu beginnen, das nur auf das Ewige eingestellt ist. — Was aber hat man nun in der Zen-Erleuchtung so klar erkannt?

Ich habe schon gesagt, daß man nach der Auffassung des Buddhismus, in dem in Japan die Erleuchtung eingebettet ist, in der Erleuchtung die Einheit allen Seins, die Identität des Ich mit dem All und der Natur zu erleben glaubt und in diesem Erlebnis eine Bestätigung der buddhistischen Weltanschauung sieht. Ein Monotheist kann genau dieselbe Erleuchtung haben. Aber er wird sie nicht als Erlebnis des Einsseins mit der Natur bezeichnen. Er wird vielleicht meinen, er habe Gott geschaut. — Es versteht sich von selbst, daß es für dasselbe Erlebnis nur *eine* richtige Interpretation geben kann. Da jedoch eine adaequate Erklärung in Worten tatsächlich nicht oder kaum möglich ist, so ist es verständlich, daß jeder mit den Begriffen *seiner* Weltanschauung eine Erklärung zu geben versucht, wenn er es nicht vorzieht, auf jede begriffliche Erklärung zu verzichten. Jedenfalls ist das Satorierlebnis weder ein Beweis für die Richtigkeit der monistischen Weltanschauung, noch kann es im eigentlichen Sinne ein Schauen Gottes genannt werden. Wenn man es als ein Erlebnis des Seins, näherhin des Selbst in dem ihm eigenen Sein und in seinem Bezug zum Sein-überhaupt, bezeichnen kann, so liegt es zum mindesten in der Richtung eines Gotteserlebnisses, da Gott der Urgrund alles geschöpflichen Seins ist und das Seinserlebnis daher seinen Urgrund irgendwie einschließen muß.

Wir sind uns bewußt, daß mit dem Gesagten die Frage nach dem Sinne des Satori nicht erschöpfend behandelt ist. Aber es wäre dazu notwendig, verschiedene Ansichten vorzulegen und zu diskutieren. Eine so weitgehende Erörterung würde den Rahmen dieses Büchleins sprengen und muß daher auf eine andere Gelegenheit verschoben werden [5].

Die Erleuchtung kann an sich jeder Mensch haben, wenn er nur den richtigen Weg dazu geht. Sie ist in sich weder buddhistisch noch christlich noch mit einem anderen religiösen Bekenntnis notwendig verbunden. Das Phänomen der Erleuchtung findet sich in Indien schon vor dem Buddhismus. Es findet sich auch im Mohammedanismus und im Christentum, wenn auch nicht so isoliert und methodisch angestrebt wie in Yoga und Zen. Die Verbindung mit einer bestimmten Religion kommt, theoretisch gesprochen, erst in zweiter Linie, wenn es auch Tatsache ist, daß sich kaum jemand ohne ein religiöses Motiv oder den Drang nach dem Absoluten der großen Mühe unterziehen wird, die nun

---

[5] Vgl. Enomiya, Zen-Buddhismus, Bachem, Köln, 2. Auflage 1972.

einmal notwendig ist und den radikalsten Verzicht verlangt.

Auf die Frage nach der begrifflichen Deutung der Erleuchtung sind zwei Antworten möglich. Die erste Antwort lautet: Die Erleuchtung ist die Inbesitznahme einer geistigen Kraft, die an sich jeder Mensch in sich hat, die ihm aber bisher verborgen war und daher nicht zur Verfügung stand. Daß es wirklich eine solche Kraft im Menschen gibt, kann man auch durch die Erfahrung anderer feststellen. Aber die Inbesitznahme dieser Kraft muß jeder bei sich selbst vollziehen. Sonst bleibt das Wissen um diese Kraft nur theoretisch und hilft ihm nichts. Die neu entdeckte Kraft liegt aber nicht im psychologisch Bewußten, sondern jenseits desselben, nenne man das nun oberhalb oder unterhalb. Diese Entdeckung ist unmittelbar und erlebnismäßig. Jedenfalls, wie immer man es auch bezeichnen mag, es ist die Entdeckung und Aktivierung einer geistigen Kraft, die man vorher weder kannte noch zur Verfügung hatte.

Daß man in dieser Weise die Frage nach der begrifflichen Deutung der Erleuchtung beantworten kann, wird wohl jeder zugeben, der im Zen Erfahrung hat. Wenn man die Sache so sieht, versteht man, daß jeder die Erleuchtung nach seiner Weltanschauung interpretiert. Jeder benutzt dieselbe Kraft und vertieft und verstärkt damit seine Weltanschauung. Was er vorher nur theoretisch oder nur verstandesmäßig oder durch seinen religiösen Glauben wußte, das erlebt er nun, und es erscheint ihm in ganz neuem Licht. Er sieht es mit einem neuen geistigen Auge. Überdies erhebt ihn diese Kraft über seine Sinneseindrücke hinaus und befreit ihn aus der Knechtschaft seiner sinnlichen Triebe. Noch viele andere Wirkungen sind damit verbunden, wie wir schon gesehen haben und noch weiter sehen werden.

Betrachtet man die Erleuchtung als eine geistige Kraft, so werden auch die verschiedenen Auffassungen verständlich, die man gelegentlich unter den Vertretern des Zen-Buddhismus findet. Als ein sehr erfahrener Mönch einmal gefragt wurde, ob die Erleuchtung eine überbewußte, intuitive Erkenntnis sei, erwiderte er, das sei eine Sache der Interpretation. Ein anderer antwortete auf dieselbe Frage, die Erleuchtung sei nicht eine intuitive Erkenntnis, sondern die ständige Vervollkommnung des Menschen. Ebenso versteht man die Unterscheidung zwischen „Kai-go-Zen" und „Tai-go-Zen". Die Vertreter des ersteren sagen, der Mensch habe die Erleuchtung von Geburt an, aber sie müsse entwickelt werden. Es sei wie mit einem Diamanten, der zwar im Bergesschacht schon ein echter Diamant sei, aber geschliffen werden müsse, bevor er leuchtet. Die zweite Auffassung sagt, niemand habe von Geburt an die Erleuchtung. Aber wenn er in seinen Bemühungen lange genug ausharre, dann bekäme er eines Tages die Erleuchtung. Es ist eben so, daß die Kraft zwar da ist, aber unter den Bewußtseinskräften begraben und verdeckt.

Die Vertreter der beiden Auffassungen werden sich mit dieser Erklärung vielleicht nicht begnügen, aber für unseren Zweck ist es nicht notwendig, näher darauf einzugehen. Der 88jährige Zen-Meister im Sôjiji, Genshû Watanabe, wurde ganz unwillig, als ich ihn über diese beiden Auffassungen befragte, und sagte, man mache diese Unterscheidungen zwar in den Schulen, aber das sei unangebracht und hindere die Leute daran, zum Zazen zu kommen. — Tatsächlich sind solche Unterscheidungen für die Praxis nicht von Bedeutung. Jeder Zen-Meister warnt seine Schüler davor, allzusehr von Gedanken an eine kommende Erleuchtung befangen zu sein. Denn diese Voreingenommenheit verhindert die Geistesleere, die notwendig ist, um die Erleuchtung wirklich zu erlangen.

So versteht man auch, daß die Zen-Meister den Zeitpunkt, in dem die Erleuchtung einsetzt, verschieden beurteilen. Manche Zen-Meister werden von anderen scharf kritisiert, weil sie die Erleuchtung ihrer Schüler schon bei den ersten, noch so schwachen, wenn auch wesentlich echten Erfahrungen dieser Kraft sehen. Andere sind karger und erkennen die Erleuchtung erst in einem höheren Grad an. Eine gewisse Verschiedenheit in der Bewertung erster Erfahrungen ist verständlich. Anderseits fällt einem die gegenseitige Kritik unter den Zen-Meistern doch auf. Das gilt nicht nur von den verschiedenen Schulen, sondern auch von den Zen-Meistern unter sich. Es gibt zwar Grundsätze, die allen gemeinsam sind, aber davon abgesehen, hat jeder seine eigene Methode und sein eigenes „Kenshô" (Wesensschau).

Ein kleines Beispiel: Über einen der bedeutendsten Zen-Meister, die gegenwärtig in Japan leben, sagte ein anderer: Was jener als „Kenshô" anerkenne, sei nur gerade so viel wie das letzte Haar am Schwanze des Ochsen (aus den zehn Bildern). Aber diese gegenseitige Kritik darf man nicht mißverstehen. Sie ist bei den Zen-Meistern gar nicht zu verwundern. Gerade deshalb nicht, weil sie, so widerspruchsvoll das auch klingen mag, die Erleuchtung haben. Denn dieses Erlebnis gibt ihnen absolute Sicherheit und Furchtlosigkeit. Sie nehmen daher diese Kritik auch nicht übel auf. Als Meister Harada mich als Schüler annahm, fügte er hinzu: „Wenn Sie einen besseren Führer finden, werfen Sie mich ohne Bedenken fort!"

Also die eine Antwort, die man auf die Frage nach dem begrifflichen Sinn der Erleuchtung geben kann, lautet: Sie ist die Entdeckung und Inbesitznahme einer Kraft. Doch diese Kraft offenbart sich schon in etwa, bevor es zur eigentlichen Erleuchtung kommt, wie das aus der unter der zweiten Stufe gegebenen Beschreibung zur Genüge hervorgehen dürfte. Nimmt man noch hinzu, was in den Erlebnisberichten gesagt wurde, so kann diese erste Antwort nicht ganz befriedigen. Es bleibt zwar wahr, daß diese Kraft sich erst bei der richtigen Erleuchtung voll auswirken kann, aber das ist noch nicht alles. Die zweite Antwort lautet: Sie ist eine Intuition, zwar nicht von Einzeldingen, sondern im Sinne

einer Gesamtschau allen Seins. Daß es eine solche Gesamt-
schau des Seins gibt, steht auch unabhängig vom Zen außer
Zweifel. Und zwar ist das eine Schau, die mit natürlichen
Kräften möglich ist. Ich möchte als Illustration dafür zwei
Stellen anführen. Die eine ist von Carlos Maria Staehlin SJ,
die andere findet sich bei Thomas Merton. Staehlin sagt, die
menschliche Seele sei mit einer weiten Landschaft aus
Himmel und Meer zu vergleichen. In der Mitte trenne die
ganz feine Linie des Horizontes zwei unermeßlich große
Gebiete, das obere sei das der Luft, das untere das des
Wassers. In der „Landschaft unserer Seele" sei das psy-
chische Bewußtsein unser Horizont. Über diesem ganz
schmalen Streifen liege eine große, unbekannte Höhe: Das
Überbewußtsein. Und darunter eine große, unbekannte
Tiefe: Das Unterbewußtsein. Unser Bewußtsein berühre
nur die untere Grenze der Höhe und die obere Grenze der
Tiefe. Was er vom Eintritt in das Überbewußtsein
schreibt, den nach ihm nur wenige Menschen erleben,
scheint mit der Erleuchtung im Zen zusammenzufallen.
Er schreibt: „Nach wiederholten Beobachtungen pflegt der
Eintritt in das Überbewußtsein — nicht die bloße
Annäherung an diesen verschlossenen Garten — ein
sehr starkes Erlebnis zu sein, das wir Erleuchtung nennen
können. Nach den schriftlichen und mündlichen Angaben,
die wir darüber bekommen konnten, geht dieser religiösen
Erfahrung eine wirkliche Vorbereitung voraus, bei der der
glühende Wunsch, Gott zu finden, die zentrale Triebkraft
ist. In Berichten über Nichtkatholiken und Nichtchristen
beobachten wir diese unmittelbare Vorbereitung genauso.
Aber der Einbruch des Außergewöhnlichen geschieht plötzlich. Er wartet weder auf die angemessene Zeit noch auf
den geeigneten Ort. Der betroffene Mensch ist vielleicht
in diesem entscheidenden Augenblick völlig sorglos; er
lehnt sich aus einem Fenster hinaus, steigt eine Treppe
hinauf oder ruht in einem Garten. Und der Eindruck, den

er erhält, ist so, als ob ein Schleier fortgezogen und ein Horizont geöffnet würde. Es gibt hier kein genaues Begreifen von Einzelheiten, aber die ganze kosmische Ordnung wird plötzlich erfaßt. Der Mensch fühlt den Schöpfer in den Geschöpfen; er begreift in einem einzigen Augenblick, was er so lange studierte und noch niemals verstanden hatte. Dieser Feuerblitz erlöscht keineswegs allzu schnell. Er läßt einem Zeit, die eigene geistige Erfahrung in ihrem lebendigen Vollzug zu analysieren. Die Seele fühlt sich in ihrem Mittelpunkt. Sie besitzt das Ersehnte. Bei Anfängern findet eine Bekehrung statt, und in ihrem ganzen Leben ändern sich die Maßstäbe und der Lebensstil ... Der starke Anstoß, der vom höheren Bereich ausgeht, pflegt ... seinen Widerhall im unteren zu finden, und zwar normalerweise in Form von optisch wahrnehmbaren Bildern ... oder von akustischen Zeichen begleitet ..., aber wir konnten auch Fälle verzeichnen, in denen offenbar dieser Widerhall in den unteren Seelenbezirken nicht stattfand." Auch Staehlin nennt dieses Erlebnis ein natürliches, was es in sich und ohne Zweifel zunächst auch ist, ebenso wie die Erleuchtung im Zen [6].

Auch Thomas Merton spricht die Überzeugung aus, daß es eine große natürliche Schau allen Seins gibt. Er schreibt in „Aufstieg zur Wahrheit":

„Alle Wirklichkeit, die es gibt, alle Güte alles Existierenden und Guten aber können wir in einer einzigen metaphysischen Intuition des Seins und des Guten an sich geistig kosten und genießen ... Dabei werden das Sein und die Güte, an denen alle Einzeldinge teilhaben, in einer einzigen lichtvollen Intuition erfaßt, die unseren ganzen Geist mit Licht und Heiterkeit überflutet. Es ist eine Art natürlicher Ekstase, in der unser eigenes Leben in sich selbst eine transzendentale Verwandtschaft mit jedem anderen existie-

---

[6] Carlos Maria Staehlin S. J., Mystische Täuschungen, in: Geist und Leben, Heft 4, 1954, 276 ff.

renden Sein entdeckt und dabei aus sich heraustritt, um alles Sein in Besitz zu nehmen, und sodann wieder zu sich zurückkehrt, um alles Sein in sich selbst zu finden. In einem Augenblick reicher metaphysischer Erleuchtung erheben wir uns über die Akzidenzien und spezifischen Unterschiede, um alle Dinge in einer unterschiedlosen transzendentalen Wirklichkeit, die das Sein selbst ist, zu entdecken.

Die Grundlage dieser Erfahrung ist zweifellos eine plötzliche intuitive Einsicht in den Wert unseres eigenen geistigen Wesens. Es handelt sich um ein tiefes metaphysisches ‚Innewerden unserer eigenen Wirklichkeit' — nicht des trivialen, psychologischen, oberflächlichen Selbst, das auf der Jagd nach allerlei zeitlichen Gelüsten und auf der Flucht vor allen möglichen Ängsten begriffen ist, sondern der tiefen substantiellen Wirklichkeit unseres persönlichen Wesens. In diesem Augenblick der ‚Erleuchtung' kostet die Seele etwas von der eingeborenen Freiheit, die ihr als ‚geistigem Wesen' zukommt. Sie kann sogar von da zur Intuition des absoluten Wesens gelangen, das unseren höchsten Begriff des Seins und Geistes unendlich übersteigt. In dieser metaphysischen Intuition des Seins, von der hier die Rede ist, gelangt der Verstand nicht zu einer unmittelbaren Vision des unendlichen Wesens. Wird Gott erfaßt, so immer noch durch Vermittlung des geschaffenen Seins. Er wird als Spiegelbild in den lebendigen Tiefen unseres eigenen Geistes erkannt, dessen Schöpfer er ist, und der der Spiegel ist, welcher sein Bild empfängt.

Trotzdem ist die metaphysische Intuition des Seins und seiner transzendentalen Eigenschaften etwas Gewaltiges. Sie läßt sich nicht ohne eine gewisse sittliche Reinheit erlangen, und unter ihrem natürlichen Einfluß wird die Seele gestärkt und ihre Befreiung von gefährlichen Bindungen gefördert. Jenseits dieser Intuition gibt es eine weitere — die intuitive Erfassung des absoluten Seins Gottes, eine Intuition, die nicht nur spekulativ, sondern qualitativ, affektiv ist und mit Hilfe des Lichtes der Analogie die Idee des Schöpfers ausstrahlt, und zwar in der intensiven Lebenskraft und Freude, die der Menschengeist als Gottes Geschöpf in sich wahrnimmt. Diese Intuition ist etwas so Gewaltiges, daß die heidnischen Philosophen sie für die höchste Seligkeit hielten; tatsächlich ist sie die höchste Seligkeit, welche der Mensch je mit seinen natürlichen Kräften allein erlangen kann.

Diese Freude, diese intellektuelle Erfüllung, die eine teilweise Antwort auf das tiefste Verlangen des geistigen Wesens im Menschen darstellt — auf sein Verlangen nach Beschauung —, ist der Natur zugänglich . . ." [7].

Die Frage ist nun, ob die Zen-Erleuchtung mit der Erfahrung, von der Staehlin und Merton sprechen, zusammenfällt. Das scheint der Fall zu sein. Man spricht zwar im Zen von Shô-Kenshô, kleiner Wesensschau, und Dai-Kenshô, großer Wesensschau. Aber im wesentlichen sind beide dasselbe. Nur ist das Erlebnis bei der kleinen Wesensschau nicht so tief und dauert nicht an, sondern erlischt vollkommen. Man sieht den Ochsen, aber dann läuft er gleich wieder davon und entzieht sich den Blicken des Bauern. Dagegen ist das Erlebnis bei der großen Wesensschau tiefer und hinterläßt einen bleibenden Eindruck. Man sieht den Ochsen und verliert ihn nicht mehr aus dem Auge. Die kleine Wesensschau ist leichter zu erlangen als die große. Menschen, die beständig die Meditation üben, haben die große Wesensschau, wenn überhaupt je, nur das eine oder andere Mal im Leben, während sie die kleine Wesensschau öfter haben. Von Hakuin, dem größten Mystiker im japanischen Zen, wird erzählt, daß er die große Wesensschau dreizehnmal hatte, die kleine unzählige Male. Doch sagen auch jene, die nur die kleine Wesensschau hatten, daß sie alles in eins sahen. Daher kommt auch der Eindruck, daß sie das Einssein des Ich mit dem All erleben.

[7] Thomas Merton, a. a. O., 182—183.

Jedenfalls, wenn es richtig ist, daß die Erleuchtung die Intuition des Seins ist, so versteht man, was jene Erleuchteten in Indien, China und Japan von dem geradezu unbegrenzten Reichtum ihrer Erfahrung sagen. Desgleichen versteht man, daß unter den Fachleuten im Zen auf die Frage, ob die Erleuchtung plötzlich oder allmählich komme, die Antworten verschieden lauten. Betrachtet man nämlich die Erleuchtung als das Entdecken jener verborgenen Kraft, so wird diese Entdeckung gewiß in einem ganz bestimmten Augenblick stattfinden, natürlich erst nach langer Übung, aber doch so, daß sie beim ersten Mal schwächer oder stärker sein kann. Ist das Erlebnis nur schwach, so wird es dem Betreffenden erst nach längerer Zeit klar, daß er eine neue Kraft erhalten hat, die dann ständig wächst. Betrachtet man aber die Erleuchtung als die Intuition des Seins, dann hat sie das Gepräge eines plötzlichen großen Erlebnisses.

Was sonst die Frage des Eintretens der Erleuchtung betrifft, so stimmen die Berichte derer, die dieses Erlebnis hatten, darin überein, daß sich die Erleuchtung immer an irgendeinem Objekt, sei es materiell oder geistig, entzündet. Die Gelegenheit, bei der auf einmal das Licht aufgeht, kann eine ganz geringfügige Sache sein. Sie ist aber immer etwas ganz Persönliches, d. h. sie ist die Gelegenheit gerade für diesen Menschen, während sie alle anderen Menschen in diesem Augenblick unberührt läßt. So wird schon von Kasyapa, einem Schüler Shakya Munis, erzählt, er habe die Erleuchtung bekommen, als er den Erhabenen eine Blume in der Hand herumdrehen sah. Zur selben Zeit waren viele Schüler um den Meister versammelt. Alle sahen ihn die Blume in der Hand drehen, aber nur Kasyapa wurde erleuchtet. Wären auch 10.000 Menschen dort versammelt gewesen, so wäre doch nur der eine erleuchtet worden. Es war für diesen die Gelegenheit. Von einem Mönch aus späterer Zeit wird erzählt, er habe die

Erleuchtung bekommen, als sein Meister ihn von der Veranda herunterstieß, so daß er sich das Bein brach. Wieder ein anderer kam zur Erleuchtung, als sein Meister ihm die brennende Kerze ausblies, die er in der Hand hielt, so daß er hilflos in einem dunklen Gang stand. Noch viel unscheinbarere Dinge können der Anlaß zur Erleuchtung sein. Der Mönch Muso-Kokushi machte während der Nacht in einem dunklen Zimmer Zazen. Er wurde schläfrig und wollte sich rückwärts an die Wand lehnen. Aber da war keine Wand, und er fiel nach hinten über. In diesem Augenblick bekam er die Erleuchtung. Ein anderer namens Chiyoben saß an seinem Pult. Da rollte ein Donner, und er bekam die Erleuchtung. Gensa stieß auf einem Bergpfad mit dem Fuß an einen spitzen Stein. Vor Schmerz wollte er „Autsch" rufen, da wurde er erleuchtet. Eine Frau, die übrigens noch lebt, schreibt in ihrem Bericht, daß sie durch viele Krankheiten bis an den Rand des Grabes gekommen wäre. Dabei hätte sie aber unter der Leitung eines Zen-Meisters ständig nach der Wahrheit gesucht. Als sie eines Nachts schlaflos auf ihrem Lager ruhte, hörte sie draußen das Säuseln des Windes in den Blättern. In diesem Augenblick kam die Erleuchtung über sie. Noch viele andere Beispiele dieser Art ließen sich anführen. Doch ging immer eine lange Vorbereitung voraus. Die Erleuchtung mußte reifen. Die meisten kamen zur Erleuchtung durch ein Kôan, über das sie jahrelang vergeblich nachgedacht hatten. Jedenfalls ist irgend etwas notwendig, woran sich die Erleuchtung entzündet.

Wie in jeder Mystik, so gibt es auch im Zen Selbsttäuschungen. Es kann jemand meinen, sein Erlebnis sei die Erleuchtung, während sie es in Wirklichkeit nicht ist. Wenn er aufrichtig weiterübt, wird er eines Tages zu der Erkenntnis kommen, daß es noch nicht die Erleuchtung war. Man spricht daher im Zen auch von einer Erleuchtung, die darin besteht, daß man erkennt, daß man die Erleuchtung noch nicht hat. Wegen der Gefahr, sich und andere zu täuschen, besteht im Zen eine Art Vorschrift, daß jeder seine Erleuchtung durch einen Erleuchteten bestätigen lassen muß. Wie kann aber der Meister mit Sicherheit wissen, daß der Schüler die Erleuchtung bekommen hat? Er kann doch nicht in den Schüler hineinsehen. Und doch ist es Tatsache, daß ein erfahrener Zenmeister feststellen kann, daß sein Schüler die Erleuchtung bekommen hat, ohne daß er ihn darnach fragt. Eines Tages wird er ihm sagen: „Du hast die Erleuchtung bekommen. Ich gratuliere." Solche Fälle sind mir wiederholt berichtet worden. Das Erlebnis ist eben so einzigartig, daß es sich unwillkürlich auf dem Angesicht des Betreffenden widerspiegelt. An Stelle des Ausdrucks größter Spannung sind Entspannung und höchste Freude getreten. Das kann dem Meister, der alle Not seines Schülers täglich miterlebt hat, nicht entgehen. Außerdem scheint eine Art seelischer Verbindung zu bestehen, die den Zen-Meister die Veränderung, die im Geiste des Schülers vorgegangen ist, unmittelbar fühlen läßt. Daher nützt es dem Schüler auch nichts, die Fragen des Meisters richtig zu beantworten, wenn er die Lösungen nur von anderen gehört, aber nicht selbst erlebt hat. Einen erfahrenen Zen-Meister kann man auf diese Weise nicht hinter das Licht führen.

Von diesem Tage an ändert sich übrigens das Verhältnis von Schüler und Meister. Beide stehen nun gleich und suchen sich gegenseitig zu fördern. In etwas drastischer Weise kam diese Änderung zum Ausdruck im Falle Rinzais, des Begründers der Rinzai-Zen-Sekte. Als dieser die Erleuchtung bekommen hatte und wieder zu seinem Meister ging, der ihn oft geschlagen hatte, gab er ihm eine kräftige Ohrfeige. Darauf lachten beide herzlich. Heute wird man es nicht gerade in dieser Weise machen, aber die Sache ist dieselbe geblieben.

Wirklich erleuchtete Zen-Mönche sind nicht stolz, sondern

sie sind im Gegenteil sehr demütige und sympathische Menschen. Jeder, der längere Zeit in einem strengen Zen-Kloster lebt, wird das erfahren. Es herrscht dort ein Geist des Wohlwollens und der Liebe, wie man ihn kaum anderswo findet. Und doch sind die Zen-Meister mit ihren Schülern furchtbar streng. Es gibt Schläge und Scheltworte ohne Ende, so daß die Schüler oft den Mut verlieren, zu ihrem Meister zu gehen. Es scheint ihnen, daß alles, was sie fragen und antworten, nur den Zorn des Meisters erregt. Oft kommen sie bis an den Rand der Verzweiflung und möchten davonlaufen. Manche tun es auch. In alter Zeit wurden die Schüler daher vor der Aufnahme schwersten Prüfungen unterworfen, und nur, wenn sie trotzdem in ihrem Entschluß fest blieben, wurden sie zugelassen. Das ist heute zwar anders, aber eines ist geblieben. Wer zur Erleuchtung kommen will, muß sich seinem Meister auf Gnade und Ungnade ergeben. Solange er diese Einstellung nicht hat, besteht keine Aussicht, daß er sein Ziel erreicht. Der Zen-Meister muß daher nicht nur tüchtig, sondern auch sympathisch sein. Der Schüler muß das Gefühl haben, daß er sich einem solchen Manne anvertrauen kann. Wenn er ihm nicht sympathisch ist, mag er sonst noch so tüchtig sein, ist die Aussicht auf Erfolg gering. Hat man einen solchen Zen-Meister gefunden, so soll man nicht zu einem anderen gehen, bis man die Erleuchtung erlangt hat. Das ist die Regel. Tut man es aber trotzdem aus schwerwiegenden Gründen, so muß man mit dem neuen Meister ganz von vorn anfangen. Man muß alles vergessen, was man bei dem früheren Meister gelernt hat. Denn jeder Meister hat, wie gesagt, seine eigenen Wege, und man muß ihn ganz annehmen oder ablehnen. Sonst kann er seine Aufgabe nicht erfüllen. Im übrigen ist die völlige Hingabe des Schülers an seinen Lehrer im Orient sprichwörtlich.

AUSWERTUNG DER ERLEUCHTUNG

Wir haben über das Wesen der Erleuchtung gesprochen und wollen jetzt etwas über die Zeit sagen, die auf das Erlebnis der Erleuchtung folgt. Auch über die Auswertung der Erleuchtung werden wir sprechen, denn diese wird ja auch im Zazen immer wieder betont. Zunächst möchte ich darauf hinweisen, daß der im vorangegangenen Kapitel beschriebene Zustand nicht ständig andauert. Nach Beendigung der Meditation hört auch die Ekstase oder Enstase auf. Man wird wieder völlig frei, Verstand und Willen in der gewohnten Weise zu gebrauchen. Sogar freier als ein anderer Mensch. Und doch ist es nicht so, als ob nun alles einfach ausgelöscht oder verschwunden wäre. Wir haben ja schon bei der zweiten Stufe von „Nachklängen" gesprochen, die sehr wertvoll sind. Das gilt nun auch, aber in erhöhtem Maße, von der dritten Stufe. Im Menschen bleibt eine gewisse Ruhe zurück. Er setzt sich jetzt leichter über Schwierigkeiten hinweg und ist nicht mehr so stark an das Sinnliche gebunden. Es handelt mehr geistig, d. h. der Geist behält jetzt leichter die Oberhand über sinnliche Eindrücke. Jeder, der die Erleuchtung erlebt, spürt schon beim ersten Mal diese Nachwirkung. Aber es wäre falsch zu meinen, daß nun alle Arbeit getan und das Zazen überflüssig wäre. Wer so denkt, täuscht sich sehr. Zwar verliert man nicht wieder, was man einmal erworben hat, aber wenn man nicht weiterübt, verkümmert es und nützt dem Menschen nichts. Wenn jemand schwimmen gelernt hat und dann zehn Jahre lang nicht mehr schwimmt, hat er das Schwimmen zwar nicht verlernt, aber er hat nichts davon, und er wird auch kein guter Schwimmer. So geht es auch mit der Erleuchtung. Wer sie brachliegen läßt, der weiß zwar, was

Erleuchtung ist, läßt sie aber verkommen. Im 19. Kôan heißt es von dem schon erwähnten Mönch Chao-chou: „Wenn Chao-chou auch zur Erleuchtung gelangte, so hat er sie doch erst erlangt, nachdem er noch dreißig Jahre geübt hatte."

Darum ist die Zeit nach dem Erlebnis der Erleuchtung eigentlich noch wichtiger als die Zeit vorher. Denn nun hat der Mensch eine ganz neue Kraft erhalten, und es kommt alles darauf an, daß er sie ausnutzt. Zunächst muß er lernen, sie mit Leichtigkeit immer wieder neu zu erwecken. Denn wenn jemand einmal die Erleuchtung erlebt hat, dann darf er nicht etwa meinen, er brauche nur zu wollen, und schon sei sie wieder da. Er war während der Exerzitien mehrere Tage auf die Meditation konzentriert, denn er machte ja fast ununterbrochen Zazen. Dann aber geht er nach Hause und nimmt seine alltägliche Arbeit mit all ihren Zerstreuungen wieder auf. Er findet wohl hin und wieder eine ruhige halbe Stunde, um Zazen zu machen. Aber es will ihm nicht gelingen, dabei wieder so weit zu kommen, wie er am Ende der Exerzitien war. Gewiß wird es nicht wirkungslos sein, wenn er täglich einige Zeit Zazen übt. Aber vielleicht kommt er erst dann neuerdings zum Erlebnis der Erleuchtung, wenn er wieder einmal mehrere Tage hintereinander Zazen übt. Deshalb ist es notwendig, jeden Tag etwas Zazen zu machen und von Zeit zu Zeit mehrere Tage hintereinander zu üben. Tut er das, dann wird es ihm eines Tages gelingen, auch beim täglichen Zazen ein der Erleuchtung nahekommendes Erlebnis zu haben.

Also muß man immer weiter Zazen üben, um seine guten Wirkungen zu erfahren. Denn sonst geht das mühsam Erworbene verloren. Aber das ist noch nicht der einzige Grund für die Fortsetzung der Übungen, denn die Erleuchtung ist ja nicht Selbstzweck oder sollte es doch nicht sein. Vielmehr sollte diese Wesensschau, dieses Erleben des

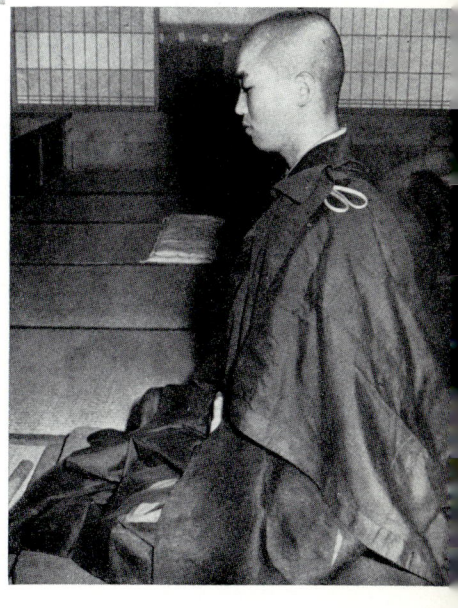

ZEN-HOCKSITZ
OBEN: VON VORN — UNTEN: VON DER SEITE

KYOSAKU, „WARNUNGSSTAB",
MIT DEM BEIM ZAZEN GESCHLAGEN WIRD

Ich ein Mittel zu seiner Vervollkommnung sein. Und dies sowohl in moralischer wie auch in religiöser Hinsicht. In moralischer Hinsicht, weil der Mensch durch die Erleuchtung sittlich vollkommener wird. Darüber möchte ich zunächst sprechen.

Zwar gelangt man nicht ohne lange Vorbereitung zur Wesensschau, aber damit, daß man sie erlangt, ist man noch kein vollkommener Mensch. Es ist damit ähnlich wie bei einer mystischen, übernatürlichen Gnade. Man wird mit dem Empfang einer solchen Gnade noch lange kein Heiliger, aber man hat ein wirksames Mittel für das Streben nach Vollkommenheit erhalten. In bezug auf das Zen kann die Darstellung der zehn Bilder zu einem besseren Verständnis verhelfen.

Wir erinnern uns daran, daß das erste Bild zeigt, wie der Bauer planlos sucht; das zweite, wie er glücklich die Spur des Ochsen entdeckt. Auf dem dritten Bild sehen wir, wie er den Ochsen selbst entdeckt, d. h. daß er sein Selbst zu Gesicht bekommen hat. Wohl ist das schon die Wesensschau, die wahre Erleuchtung, aber man würde sich sehr täuschen, wenn man glaubte, man sei nun am Ziel angelangt. Daher das vierte Bild: Der Bauer ergreift die Zügel — es hat ihn viele Mühe gekostet —, aber das Tier ist störrisch und folgt ihm nicht. Das soll heißen, daß im Menschen auch nach der Wesensschau noch nicht alle ungeordneten Triebe erstorben sind. Er hat sein Ich noch nicht richtig in der Gewalt. Der Geist ist noch nicht frei. Auf dem fünften Bild sieht man dann, wie der Bauer den Ochsen am Zügel führt. Er hat ihn soweit, daß er sich führen läßt. Allmählich wird der Mensch Herr seiner selbst. Aber es kostet immer noch Mühe. Das sechste Bild zeigt, wie der Bauer auf dem Ochsen reitet und dabei vergnügt auf seiner Flöte spielt. Nun hat er es geschafft, er braucht sich nicht mehr zu mühen. Jetzt ist der Mensch wirklich ein Erleuchteter geworden. Aber es geht noch weiter. Auf dem siebenten Bild ist der

Ochse nicht mehr zu sehen. Der Bauer ist allein. Er sitzt
voller Zufriedenheit vor seinem Haus. Der Mensch ist mit
seinem Ich nicht nur einig, sondern eins geworden. Vollkommene Ruhe und Sorglosigkeit sind an die Stelle der
früheren Mühen getreten. Auf dem achten Bild sieht man
weder den Ochsen noch den Bauern. Man sieht nur einen
Kreis und nichts darin. Das soll heißen, daß nun alle Gegensätze aufgehoben sind. Der Mensch ist nicht einmal mehr in
der Verfassung, sich zu sagen: Nun habe ich die Erleuchtung. Er hängt nicht einmal mehr an der Erleuchtung.
Gegensätze wie Erleuchtung und Nicht-Erleuchtung gibt
es für ihn nicht mehr, alles ist für ihn eins geworden. Die
letzten zwei Bilder stellen die volle Auswirkung der Erleuchtung dar. Auf dem neunten Bild sieht man Blumen in
einer Landschaft. Das soll andeuten, daß sich außerhalb
des Erleuchteten nichts geändert hat. Der Berg, auf dem er
mit großer Mühe den Ochsen gefangen hat, ist ganz derselbe wie vorher. Nur der Mensch selbst hat sich geändert.
Er sieht jetzt alles mit anderen Augen an. Alles ist jetzt
im Frieden. Alles, wovon er sich zuvor mit großer Mühe
freimachen mußte, kommt ihm jetzt verklärt zurück. Auf
dem zehnten Bild sehen wir den Bauern in die Stadt gehen.
Unterwegs spricht er mit einem Mann, der eine Reiswein-
flasche und einen Fischkorb trägt. Das soll heißen, daß der
Erleuchtete nun unter die Menschen geht, um allen zur
wahren Freiheit und Erleuchtung zu verhelfen. Selbst ein
so gewöhnlicher Beruf wie der des Fischhändlers oder des
Reisweinhändlers schließt nicht von der Erleuchtung aus.
Seine ganze Kraft stellt der Erleuchtete nun in den Dienst
seiner Mitmenschen.
So soll die Erleuchtung nicht nur immer leichter werden,
sondern sie will vor allem auch zur Vervollkommnung des
Menschen ausgenutzt werden. Das muß immer das eigentliche Ziel bleiben, denn Zen ist keineswegs Schwärmerei
oder Mystizismus. Dagegen wehren sich die Zen-Mönche

ganz entschieden. Sie würden so etwas ganz verächtlich als einen „Zen der Feldfüchse" bezeichnen. Der Mensch soll vielmehr mit der Erleuchtung ein neues Leben anfangen, zu dem ihm nun ein ganz ausgezeichnetes Mittel in die Hand gegeben ist.

Gewiß gibt es viele Wege zur Erlangung der Vollkommenheit, aber das Zazen hat seine berechtigte Eigenart, die ich nun etwas näher erklären werde. Jeder Mensch ist mehr oder weniger abhängig von seinen Sinneseindrücken, viele vielleicht sogar bis zu 80%. Sie reagieren spontan auf Sinneseindrücke, und nur in den restlichen 20% werden ihre Handlungen vom Geist geleitet. Zu 80% sind sie unfrei und nur zu 20% frei, denn der Geist ist es ja, der den Menschen frei macht, nicht die Sinne. Dieses Verhältnis ändert sich durch die Erleuchtung und in etwa schon durch den Weg zu ihr. Wenn ein Mensch hundertprozentig vom Geist geleitet wird, dann ist er hundertprozentig frei. Er ist dann ein geistiger Mensch (homo spiritualis). Durch die Übung des Zazen und ganz besonders durch die Erleuchtung selbst werden die äußeren Sinne gewissermaßen nach innen gezogen und unter die Herrschaft des Geistes gebracht.

In den Aufzeichnungen eines englischen Mystikers um die Wende des 17. Jahrhunderts, des Benediktiners Augustin Baker (1575—1641), finden wir eine interessante Parallele. Er schreibt: „Bei Tauler, Harphius und anderen Mystikern lesen wir, daß jeder, der geistig werden will, seine äußeren Sinne nach innen ziehen muß und dann diese inneren Sinne in die Fähigkeiten der höheren oder intellektuellen Seele erheben und sie dort verlieren oder vernichten muß. Danach müssen diese Fähigkeiten der höheren Seele sich in ihrer Einheit sammeln, die der Anfang oder die Quelle ist, aus der diese Fähigkeiten fließen und sich ergießen. Und diese Einheit, welche allein imstande ist, sich vollkommen mit Gott zu vereinigen, muß auf Gott gerichtet werden.

4*

Und nun frage ich mich, ob das, was unser Schüler euch gesagt hat (Baker ist selbst gemeint), von seinen fortgesetzten Bewegungen, die danach strebten, alle seine Tätigkeiten in das Innere des Körpers zu ziehen, nicht dieselbe Sache ist, von der diese Mystiker reden... Ich habe keinen Zweifel, daß für unseren Schüler wie auch für alle anderen das beste Gebet und die beste aktive Beschauung die vollkommene Befreiung der Seele von allen körperlichen Dingen ist. Mir scheint, daß die Übung des Willens bei unserem Schüler nach oben strebte und folglich alles, was niedrig war, nach sich zog... nach meiner Meinung scheint es mir... daß er sich mehr und mehr geistig machen wird, wie wenn die Seele ohne Körper arbeitet" [8].

Diesen Vorgang oder diese Tätigkeit kann man auch eine Reinigung nennen. Meister Genshû Watanabe suchte mir das durch einen Vergleich klarzumachen.

Der Mensch sei zu vergleichen mit dem Wasser, das klar und rein aus der Quelle komme, aber je länger es dahinfließe, desto mehr Schmutz aufnehme. Der Mensch sei zwar ursprünglich rein, aber im Laufe des Lebens nehme er viel Unordnung und Lasterhaftigkeit auf. Durch die Übung des Zazen solle er allmählich zur ursprünglichen Reinheit zurückkehren. Der Meister pflegte seinen Schülern ein Kôan zu geben, nachdem sie einigermaßen fortgeschritten waren. Das Kôan war jeweils den einzelnen angepaßt. Doch sollte es für das ganze Leben gelten, damit der Betreffende ständig Fortschritte mache. In diesem Sinne ist das Zen oder die Erleuchtung ein Mittel zur sittlichen Vervollkommnung.

Wie verhilft die Erleuchtung nun zur religiösen Vervollkommnung? Zunächst disponiert die Erleuchtung den Menschen für den religiösen Glauben. Man kann durch die Erleuchtung und sogar schon auf dem Wege dazu zum Gottesglauben oder sonst allgemein zu einem religiösen Glauben kommen. Besonders Menschen, die zu einem religiösen

[8] Paul Renaudin, Quatre Mystiques anglais, Paris 1945 136—137.

Glauben kommen möchten, aber es nicht recht fertigbringen, werden das erfahren. Schon die zweite Stufe disponiert dafür und erst recht die dritte. Denn dort verschwinden wie von selbst die Zweifel, die eine materialistische Zeit dem Menschen selbst gegen seinen Willen aufdrängt. Zweifel und Furcht, Neid und Haß und sonst dem Glauben widrige Gefühle verschwinden im Zustand der Erleuchtung. Denn die Erleuchtung ist Einheit, jene Gefühle dagegen trennen. Daher soll man sich ja auch schon beim Antritt des Weges zur Erleuchtung bemühen, sich von solchen Gefühlen freizumachen. Im Zustand der Erleuchtung sind sie wie verschwunden. Man hat sich aus den Regionen des Sinnlich-Geistigen befreit. Man ist in das innerste Gemach seines Selbst eingetreten. Jene Gefühle kommen dort nicht hinein. Sie bleiben gewissermaßen draußen vor der Tür. Freilich warten sie dort auf uns. Sobald wir wieder herauskommen, suchen sie sich wieder aufzudrängen. Aber je öfter und gründlicher wir uns von ihnen immer wieder freimachen, indem wir in jenes innere Gemach unseres Selbst eintreten, desto freier werden wir auch draußen von ihnen. Daher kommt die Abgeklärtheit jener Erleuchteten, die viele Jahre hindurch diese Erleuchtung immer wieder erlangten.

Ferner hilft die Erleuchtung oder kann sie wenigstens helfen zur Vertiefung religiöser Wahrheiten. Wir haben vorher zwar gesagt, daß der Verstand den Akt der Vernichtung seiner Selbst setzen muß, um die Erleuchtung zu erhalten. Das scheint nun zu bedeuten, daß der Verstand wenigstens während des Zazen vollständig ausgeschaltet werden müsse. Und doch ist es in Wirklichkeit nicht so, wie übrigens in keiner Mystik der Verstand vollständig ausgeschaltet werden darf. Nachdem nämlich der Zustand der höheren Ebene erreicht ist, soll nun auch der Verstand arbeiten, aber intuitiv. Wie das geschieht, hängt vom freien Willen des Menschen ab. Hat derselbe z. B. eine monistische Weltanschauung, so wird er seinen Verstand auf die Einheit des Seins richten. Er wird sich dann eins fühlen mit der Natur und dem All. Er wird die Überzeugung haben, daß er diese Einheit erlebt. Diese Überzeugung ist möglich, weil er tatsächlich zu einem gewissen letzten Absoluten gekommen ist. Der Monotheist wie Baker wird seinen Verstand auf Gott richten, und zwar im Sinne des absoluten und unbegreiflichen Gottes. Ein Christ kann aber seinen Blick auch auf Christus den Gottmenschen oder auf jede andere geoffenbarte Wahrheit richten. Aber es muß immer eine intuitive Tätigkeit sein. Würde der Betreffende versuchen, in dialektischer Weise über religiöse Wahrheiten nachzusinnen, so würde er alsbald aus dem Zustand der Erleuchtung herausgleiten. Dieser liegt eben über jeder dialektischen Tätigkeit.

Wenn wir nun sagen, daß man in der Erleuchtung seinen Blick auf Gott oder andere religiöse Wahrheiten richten könne und auch solle, so meinen wir das hier zunächst von natürlichen Kräften, aber doch wieder so, daß wir dabei den gewöhnlichen Gnadenbeistand selbstverständlich nicht ausschalten wollen. Mit anderen Worten, wir sprechen hier noch nicht von mystischen Gnaden im strengen, übernatürlichen Sinne. Aber auch so, in diesem Umfang der beistehenden Gnade, wird man erfahren, daß es sehr leicht ist, in einfacher Weise an Gott zu denken, gewissermaßen auf Gott zu schauen. Es ist sogar so, daß man es einen einfachen, liebenden Blick auf Gott nennen kann. Desgleichen wird man erfahren, daß es in diesem Zustande leicht ist, die Geheimnisse des Evangeliums, ganz besonders die des Leidens, beschauend zu betrachten. Das Gesagte gilt auch schon für den Zustand der tiefen Sammlung auf der zweiten Stufe.

Wir ersehen daraus, welch große Bedeutung diese Übung für die modernen Menschen haben könnte. Unsere Zeit seufzt unter der Geschäftigkeit und Betriebsamkeit. Die

Nerven werden aufgerieben. Man sucht sich zu entspannen, indem man sich von seinen vielfältigen Geschäften ablenkt. Aber die Ablenkungsmittel sind meistens derart, daß sie den Nervenzustand eher verschlimmern als ihn bessern. Man ist geistig zu müde, um sich mit ernsten Dingen zu beschäftigen. Andrerseits sind die mühelosen Ablenkungsmittel allzu leicht zu haben. Besonders bietet der Film so viel Interessantes für Augen und Ohr und regt unsere Gefühle kräftig an, um nicht zu sagen: auf, ohne daß wir irgend etwas zu tun brauchen, außer uns hinzusetzen und sitzen zu bleiben, bis der Film abgelaufen ist. Aber der Mensch kommt dabei nicht zur inneren Ruhe, was er gerade brauchte. Dazu kommen Zeitungen, Zeitschriften, Radio und Fernsehen. Das alles sind Mittel, die den Menschen bei gewiß nicht abzustreitenden guten Seiten innerlich auseinanderreißen. Wenn ein Mensch einen festen religiösen Glauben hat, so hält ihn wenigstens dieser einigermaßen innerlich zusammen. Aber wenn auch der fehlt, so findet er gar keinen inneren Halt mehr. Seelisch wenigstens gleicht er einem Fischerboot, das steuerlos auf dem Meere herumgetrieben wird.

Es ist daher kein Wunder, daß die Menschen heute verzweifelt nach der Stille schreien. Aber wie soll man ihrer habhaft werden? Man kann nicht dauernd in eine Waldeinsamkeit gehen. Gerade in unserer Zeit ist eine völlige Zurückgezogenheit kaum einem Menschen möglich. Alles steht unter dem Druck eines rastlosen Wettbewerbs. Wer zurückbleibt, kann sein Brot nicht verdienen und ist dann von der allerunmittelbarsten Sorge befangen und fällt dazu noch der menschlichen Gesellschaft zur Last. Aber auch abgesehen von der Sorge um das tägliche Brot kommt er trotz aller Mühe nicht zur Ruhe. Seine Gedanken lassen ihn auch dann nicht los, denn er muß wenigstens das gesellschaftliche Leben mitmachen.

Da könnte eine Methode wie das Zazen dem modernen

Menschen eine besondere Hilfe sein, vor allem, wenn es
ernst und mit Ausdauer betrieben wird, so daß es sogar
bis zur Erleuchtung führt. Der moderne Mensch braucht als
Gegengewicht zu seiner Überaktivität eine gesunde Passivität. Die Erleuchtung ist eine Passivität, und zwar eine erworbene Passivität, nicht aber eine träge Passivität
oder ein Sichtreibenlassen von Instinkten, das den Menschen unter diese Instinkte sinken läßt und seiner un-
würdig wäre. — Sie ist vielmehr eine Passivität, die
ihn über diese Instinkte erhebt und dazu einen heroischen
Kampf gegen alles Niedrige zur Voraussetzung hat. Die
Erleuchtung selbst aber wird trotzdem im Augenblick des
Herausgerissenwerdens in eine höhere Ebene als etwas
Empfangenes empfunden. Das aber konnte nur auftreten,
weil der Mensch sich lange darum bemühte. Da sie aber
selbst ein Zustand der Ruhe ist, ein wirkliches Zu-sich-
selbst-Kommen, nicht nur im landläufigen Sinne, sondern
im Sinne der Erfahrung des Selbst in seiner reinen Existenz,
so gibt sie wirkliche Freiheit, Einheit und Ruhe.
Die Wirkung geht noch einen Schritt weiter, nämlich zu
einer natürlichen Zufriedenheit und Freude. Diese Freude
ist wohl eine Auswirkung der Harmonie zwischen Körper
und Geist. Sie wird auch empfunden als Harmonie mit der
Natur, läßt sich aber schwer durch Worte erklären. Sie ist
weder eine rein sinnliche noch eine rein geistige Freude.
Jedoch ist diese Freude nicht immer vorhanden, es sei
denn, daß man weit auf dem Wege der Erleuchtung voran-
geschritten ist. Aber man erlebt sie schon vorher von Zeit
zu Zeit. Sie wird intensiver und andauernder, je mehr man
im Zazen Fortschritte macht. Sie tritt oft unerwartet auf.
Man denkt gar nicht daran, und die Umstände sind vielleicht für den Körper gar nicht die angenehmsten. Ein
Motorradfahrer hatte z. B. dieses Erlebnis im Winter an
einem kalten, nebligen Morgen, draußen zwischen den
Feldern, obwohl ihm die Hände wie zu Eis gefroren waren.

Beim Dahinfahren durch diese kalte Luft erlebte er eine intensive Freude, indem er sich ganz eins fühlte mit seiner Umgebung, wie er es früher nicht gekannt hatte. Das ist ein kleines Beispiel dafür, daß sich intensive Freude des Geistes mit heftigen Schmerzen im Körper zusammenfinden kann. Daß es so etwas gibt, ist uns aus den Berichten über die christlichen Märtyrer genügend bekannt. Als klassisches Beispiel im Zen wird die Einäscherung eines Zen-Klosters in der Feudalzeit erzählt. Der Feind war bis zum Kloster vorgedrungen und ließ keinen Mönch heraus. Dann steckte er das Kloster in Brand. Darauf sagte Abt Hayakawa den versammelten Mönchen in Form eines Kurzgedichtes:

Wenn Herz und Sinn vernichtet sind,
Ist Feuer nur ein kühler Wind.

ERLEUCHTUNG UND JAPANISCHE KULTUR

Es war in der Tokugawazeit: Ein Daimyô (Landesfürst) reiste zur Hauptstadt Yedo, dem heutigen Tôkyô, um dem Shôgun (Reichsverweser) seinen Pflichtbesuch zu machen. Um aber unterwegs nicht auf die Teezeremonie verzichten zu müssen, nahm er einen Teemeister mit. Nach damaligem Brauch war das ein Zen-Mönch, der der Sicherheit halber in Samuraikleidung reiste und sich auch mit zwei Schwertern umgürtet hatte. Als er so eines Tages allein durch die Straßen der Hauptstadt ging, wurde er plötzlich von einem wirklichen Samurai gestellt und zum Zweikampf herausgefordert. Der Samurai ahnte natürlich nicht, daß er einen Mönch vor sich hatte, und begründete seine Herausforderung einfach damit, daß er ein Gelübde abgelegt habe, eine bestimmte Anzahl von Zweikämpfen auszufechten. Der Mönch war in größter Verlegenheit. Wenn er bekannte, daß er die Schwerter nur äußerlich trug, würde er vielleicht von dem Samurai sofort niedergestochen. Den Tod fürchtete er zwar nicht, aber diese Art zu sterben, wäre doch eine große Schande für ihn. Andrerseits hatte er aber gar keine Erfahrung im Fechten. Trotzdem nahm er die Herausforderung an, verabredete Zeit und Ort des Kampfes und verabschiedete sich. Dann suchte er einen berühmten Fechtmeister auf und bat ihn um Belehrung, wie er sich hinstellen und das Schwert halten müsse, um beim ersten Zusammenstoß mit seinem Gegner ehrenvoll zu sterben. Der Fechtmeister war von dieser Bitte etwas überrascht, aber da der andere so eindringlich bat, gab er schließlich nach und erteilte ihm die gewünschte Belehrung. Der Mönch bedankte sich und ging fort. Zur festgesetzten Stunde stellte er sich dem Samurai an dem für das Duell vereinbarten Platz. Sein

Gegner wartete schon. Als der Kampf nun beginnen sollte, nahm der Mönch die erlernte Stellung ein. Er hielt das Schwert mit beiden Händen hoch erhoben, senkte den Kopf und wartete so auf den tödlichen Streich. Aber so lange er auch wartete, der Samurai schlug nicht zu, sondern ließ vielmehr sein Schwert sinken und bat den Mönch, bei ihm als Schüler angenommen zu werden. Seine Haltung sei so vollendet gewesen, daß er sich glücklich schätzen würde, sein Schüler im Fechten zu werden.

Was zeigt diese Erzählung? Sie zeigt den Einfluß des Zen auf die japanischen „dô“, übersetzt die „Wege“, etwa „Weg des Tees“ (die sogenannte Teezeremonie); „Weg des Bogens“, „Kyû-dô“; „Weg des Schreibens“, „Sho-dô“ (jap. Kalligraphie); „Weg der Blumen“, „Ka-dô“ (Blumenstecken); „Weg des Ringens“, „Jû-dô“ (auch Jiujitsu genannt); „Weg des Fechtens“, „Ken-dô“; ferner allgemein der „Weg der Künste“, „Gei-dô“; auch der „Weg des Ritters“, „Bushi-dô“ (jap. Rittergeist), gehört hierher. All das wurde in Japan ursprünglich nicht als Sport, Kunst oder gar Kunstgriff geübt, sondern war und ist auch jetzt noch ein „Weg“, ein Lebensweg, oder besser: eine Lebensphilosophie. Es wird damit eine gewisse innere geistige Haltung bezeichnet, die man in allen Lebenslagen bewahren soll, nicht nur zur Zeit der Ausübung der Zeremonie, des Schreibens, des Fechtens usw. In allen diesen Wegen lebt ein Geist, und das ist der Geist des Zen. Daher gibt es auch im Japanischen Ausdrücke wie „Ken-Zen-ichinyo“, d. h. „Schwert (Fechtkunst) und Zen sind eins“. Im Geiste des Zen gehen alle diese dôs auf die Einheit des Geistes aus und weiter auf das Einswerden mit der Natur, mit dem All. Sie verlangen das „Mug-a“, das „Nicht-Ich“ oder das Sich-Selbst-Aufgeben, und wollen völlige innere Ausgeglichenheit und Seelenruhe vermitteln. Darum hat auch ein in der japanischen Geschichte berühmter Fechtmeister namens Yagyu sich unter die geistliche Leitung des Zen-

Mönches Takuwan gestellt. In seinen Briefen an den Fecht-
meister gibt Takuwan genaue Anweisungen, welche innere
Haltung beim Fechten bewahrt werden müsse und wie diese
Haltung auch im täglichen Leben durchzuführen sei.

Der Geist des „Ken-dô" im Teemeister war also im Grunde
genommen derselbe wie der des „Cha-dô", des Tees,
nämlich der Geist des „Mu-ga", der vollendeten Selbstbeherrschung. Da der Mönch sich den Geist des „Cha-dô"
(Teezeremonie) vollkommen zu eigen gemacht hatte, war es
ihm möglich, nach so kurzer Belehrung die vollendete Haltung des Fechters einzunehmen.

Noch eine kleine Begebenheit soll das gleiche in etwas anderen Umständen veranschaulichen. Diesmal handelt es sich
um einen japanischen Tänzer, der in ein vornehmes Haus
eingeladen war, um seine Kunst vorzuführen. Als er spät-
abends auf einsamem Wege in seine Wohnung zurückkehrte,
wurde er von einem Räuber erspäht, der dort auf der Lauer
lag. Mit der Waffe in der Hand folgte der Räuber dem
Tänzer, um ihn rücklings niederzustoßen. Aber der Gang
des Tänzers war so vollendet, daß der Räuber keine Blöße
entdecken konnte, um den anderen auch nur zu verwunden.
Je mehr er sich bemühte, ihn umzubringen, um so mehr
mußte er ihn bewundern. Der Tänzer ahnte nicht einmal,
wie nahe ihm der Tod auf den Fersen folgte. Als er un-
behelligt zu seiner abgelegenen Wohnung kam und hinein-
gehen wollte, sprang der Räuber hinter ihm hervor, warf
sich ihm zu Füßen und bat, als sein Schüler angenommen
zu werden. Der Tänzer hatte durch den Weg der Kunst,
„Gei-dô", die vollkommene Harmonie und Selbstbeherrschung zu seiner ständigen inneren und äußeren Haltung
gemacht.

Beide Erzählungen zeigen dieselbe Harmonie zwischen Kör-
per und Geist, wie sie eben auch im Zazen geübt wird.
Das Prinzip „Mens sana in corpore sano" (ein gesunder
Geist in einem gesunden Körper) wird in allen „dôs" bis

in die feinsten Gefühlsmomente hinein zur Anwendung gebracht.

Viele Japaner schließen darum auch mit großer Sicherheit vom äußeren Verhalten eines Menschen auf sein Inneres. Nichtchristliche Japaner schließen z. B. von der äußeren Haltung eines katholischen Priesters bei der heiligen Messe auf den Grad seiner inneren Askese. So wurde mir erzählt, daß japanische Teelehrer vor dem Weltkriege mit Vorliebe in der Kapelle der katholischen Universität in Tokyo der heiligen Messe beiwohnten, weil sich in der Haltung der Priester die langjährige asketische Ausbildung der Jesuiten widerspiegelte. Ebenso schließen sie auch von einem Kunstwerk auf den sittlichen Charakter des Künstlers. Man sagt, ein sittlich durchaus reines Kunstwerk könne nur von einem sittlich reinen Künstler geschaffen werden. Ein Kunstmaler erzählte mir, er habe einige Wochen nach einer Ausstellung seiner Bilder aus dem Norden Japans von einem unbekannten buddhistischen Mönch einen Brief bekommen, in dem dieser schrieb, er habe die Bilder genau gesehen und seinen reinen Charakter bewundert. Als Zeichen seiner Anerkennung schicke jener Mönch ihm seitdem jährlich ein in seiner Heimat gut gedeihendes Gewächs, aus dem man einen wohlschmeckenden Trank bereitet. Als der Künstler mir bei einem Besuch dieses Getränk vorsetzte, erzählte er mir auch dessen Vorgeschichte.

Für den Japaner ist die Kunst viel mehr ein Lebensweg als für den Europäer, eben weil sie mit dem Zen zusammenhängt. Nur wer weiß, was die Erleuchtung ist, kann eigentlich die japanische Kunst und überhaupt die japanische Eigenkultur richtig verstehen. Zen und Zen-Erleuchtung sind gleichsam die Schlüssel zum Verständnis der japanischen Seele.

Was Louis Gardet vom Yoga sagt: „Die Erfahrung des Raja-Yoga ist von einer hohen geistigen Haltung, und die Meister, die von ihr geformt wurden, haben eine Weisheit erreicht, die die Größe der indischen Kultur ausmacht. Selbst jene, die den Yoga nicht mehr in seinem ganzen Umfang praktisch ausübten, wurden mehr oder weniger beeinflußt" [9]. — Das gilt in gleichem Maße vom Zen hinsichtlich der japanischen Kultur.

Das Kernstück des Zen ist die Erleuchtung. Mögen es auch verhältnismäßig wenige Japaner sein, die wirklich bis zur Erleuchtung gekommen sind, und noch weniger, die sie heute besitzen, so gab und gibt es auch heute wohl kaum einen Japaner, der nicht in seinem tiefsten Fühlen vom Zen beeinflußt ist.

Man sagt oft, daß es für den Europäer schwer und geradezu unmöglich ist, die japanische Mentalität zu verstehen. Das kommt daher, daß der Ursprung der japanischen Kultur ganz woanders liegt als der der europäischen. Auf eine kurze Formel gebracht, könnte man das vielleicht so ausdrücken: Der Schwerpunkt der europäischen Kultur liegt im Denken, bei der japanischen Kultur liegt er in der Intuition und im Gefühl. Daher liegt dem Japaner das dialektische Denken nicht, und bei theoretischen Erörterungen setzt er sich leicht über logische Widersprüche hinweg.

Man findet in der japanischen Mentalität Verständnis für Mitleid und Rache, Opfergeist und Selbstsucht, aber es fehlt das eigentliche Verständnis für Gerechtigkeit. Darum ist es auch außerordentlich schwer, Nichtchristen die Gerechtigkeit Gottes verständlich zu machen. Selbst in der Handhabung des japanischen Rechts macht sich dieser Mangel stark bemerkbar, und besonders fühlbar wurde er in der Politik der Nachkriegsjahre. Das Gefühl, die Erregung gewinnt sofort die Oberhand und macht eine ruhige, objektive Abschätzung und Auseinandersetzung unmöglich. Über manche Dinge privater oder öffentlicher Natur kann man zu gewissen Zeiten einfach nicht sprechen. Es gibt zwar in

[9] Louis Gardet, a. a. O., 53.

Japan auch Menschen, die selbst in der höchsten Erregung erkennen, daß sie im Unrecht sind, ihre eigene Meinung aufgeben, sich sofort entschuldigen und sich ohne Schwierigkeiten zur gegenteiligen Ansicht bekennen. Das sind nicht Menschen, die etwa weniger als das allgemeine Maß von Gefühl mitbekommen hätten, sondern es sind vielmehr Menschen, die im Zen gründlich geschult und zur inneren Freiheit gekommen sind. Im übrigen haben die strengen Umgangsformen, die alles bis ins kleinste regeln, ein Gegengewicht gegen das Überwiegen des Gefühls geschaffen. Die große Bedeutung dieser Formen ist nach dem Kriege klar zutage getreten. Als man Koedukation einführte und Jungen und Mädchen freieren Verkehr gestattete, wurden diese Neuerungen vielen jungen Menschen zum moralischen Verhängnis. Bei einem so stark gefühlsbetonten Charakter wie dem des japanischen Volkes waren diese Folgen der Änderungen ohne gründliche Umschulung unausbleiblich. Diese Eigenart des japanischen Volkes macht auch manche Fehler in seiner Außenpolitik verständlich. Der Anfang des letzten Weltkrieges ist ein klassisches Beispiel dafür. Bei der technischen Überlegenheit des Gegners konnte Japan diesen Krieg niemals gewinnen, wie japanische Fachleute klar erkannten und auch zugeben. Freilich hat sich besonders in der jüngeren Generation hier manches gewandelt. Es ist — in Japan wohl zum ersten Male — ein starkes Bewußtsein der Persönlichkeit, für die es übrigens im Japanischen nicht einmal ein Wort gab und gibt, erwacht. Damit ist die Jugend gerade im Punkte Gerechtigkeit sehr empfindlich geworden. Auch ist die Koedukation inzwischen eine Selbstverständlichkeit geworden und sind ihre negativen Begleiterscheinungen in normale Maße abgeklungen.

Indien und Japan sind mit der Erleuchtung den Völkern Europas weit überlegen. Man kann vielleicht sagen, daß die Erleuchtung das Höchste ist, was der Mensch mit seinen natürlichen Kräften erreichen kann. Europa und Amerika haben das nicht erreicht, wenigstens nicht in dem Maße, daß es einen Einfluß auf die westliche Kultur gehabt hätte. Andrerseits ist es auch wahr, daß die japanische Kultur von sich aus nicht geeignet war, zu den modernen Errungenschaften der Naturwissenschaften und Technik zu kommen, es sei denn durch Zufall oder nach einer sehr langen Entwicklung. Ebensowenig hätte man in der griechisch-lateinischen Tradition und überhaupt im Westen die Erfahrung der Erleuchtung ohne die Kenntnis des Ostens in den Blick bekommen, es sei denn durch eine neue Entwicklung der westlichen Kultur in der Zukunft. Diese grundlegenden Tatsachen sollte man auf beiden Seiten klar sehen, ganz gleich, was man sonst über die eine oder andere Seite denkt. Durch Anerkennung dieser Tatsachen würde der immer noch starke Gegensatz zwischen Ost und West, der auf gegenseitiger Unkenntnis und mangelnder Kenntnis der eigenen Grenzen beruht, bald verschwinden und dem Geiste des Verständnisses und der Vereinigung weichen. Das würde zum Fortschritt der Menschheit gereichen, denn es könnte eine Weltkultur geschaffen werden, die viel reicher wäre als jede der beiden für sich. In großem Stile fand eigentlich bisher nur von seiten des Ostens die Übernahme der materiellen Kultur des Abendlandes statt. Innerlich aber hat weder der Osten die Kultur des Westens aufgenommen noch der Westen sich die des Ostens zu eigen gemacht.

Die Hauptstärke der japanischen Kultur liegt sicher in der Intuition, im Gefühl, in der Kunst und in allem, was damit zusammenhängt. Es gibt wohl kaum ein anderes Volk, das ein so feines Verständnis für die Kunst entwickelt hat wie das japanische. Bis in die alltäglichsten Formen des Lebens macht sich das bemerkbar. Europa und Amerika können sich in dieser Beziehung mit Japan nicht messen. Es ist daher auch nicht zu verwundern, daß Japan bisher ein zähes Festhalten am Eigenen gezeigt hat. Als nach dem

Sittlichkeit hereinbrach, wurde die japanische Kultur freilich von vielen als rückständig und für die Niederlage verantwortlich abgelehnt. Aber es dauerte nicht lange, bis man sich wieder auf die eigene Art besann und zum Japanischen zurückkehrte, wenn auch nicht in so strenger Form wie früher. Es wurde nur zu klar, daß gerade jene Japaner, Kriege die sogenannte Freiheit im Denken und in der die auch als Menschen am wertvollsten sind, von der alten Kultur zehrten. Manche Ausländer betrachteten diese Entwicklung als eine gefährliche Reaktion und sehen darin schon einen extremen Shintoismus, Kaiserkult und militaristischen Nationalismus wieder auferstehen. Aber das dürfte eine unberechtigte Sorge sein. Die Japaner sind viel zu fortschrittlich, als daß sie in so extremer Form auf das Alte zurückgingen. Insofern ist die Hochschätzung der japanischen Kultur gesund und richtig.

Da es aber andrerseits für Japan eine Lebensfrage war und auch bleiben wird, materiell mit dem Westen Schritt zu halten, mußte es zunächst die materielle Kultur Europas und Amerikas aufnehmen. Die Japaner haben das mit großem Eifer und ihrer einzigartigen Nachahmungsfähigkeit getan, wobei ihnen gerade ihre intuitiven Kräfte gut zustatten kamen. Schneller als irgendein anderes Volk haben sie die äußere Anpassung durchgeführt. Natürlich haben sie sich auch um die Geisteskultur bemüht, aber in ihrem Wissensdurst und in dem Verlangen, möglichst viel aufzunehmen, sind sie leider allzusehr an der Oberfläche haften geblieben. Infolgedessen sind sie — mit wenigen Ausnahmen — nicht bis zu den Quellen der europäischen Kultur vorgedrungen. Man muß wohl hinzufügen, daß der Grund dafür nicht nur bei den Japanern liegt, sondern auch bei den Europäern, die zum Teil selbst die Quellen ihrer wissenschaftlich-technischen Errungenschaften nicht mehr kennen.

Obwohl Japan erst vor 100 Jahren begonnen hat, die europäische Kultur aufzunehmen, ist heute der Unterricht an den japanischen Universitäten zu 90 Prozent mit europäischer Kultur gesättigt. Die japanische Kultur tritt ganz zurück. Die Studenten müssen das ausländische Wissen in sich aufnehmen, aber es fehlen ihnen die Voraussetzungen dafür, das Gebotene auch wirklich geistig zu verarbeiten. Zu einer kulturellen Bereicherung wird das Studium kaum, und deswegen haben sich die Japaner die europäische Geisteskultur noch nicht zu eigen machen können. Nur die materielle Kultur haben sie aufgenommen, aber auch diese noch unvollkommen, weil das Fundament fehlt, auf dem die materielle Kultur aufbaut, die Geisteskultur. Was sie von dieser angenommen haben, ist hauptsächlich die materialistische, skeptische Philosophie. Diese kann zwar der traditionellen japanischen Geisteskultur zum Verhängnis werden und wird es auch tatsächlich, aber sie ist ungeeignet für einen positiven geistigen Aufbau, weil sie nur eine zersetzende Kraft hat. So befindet sich das japanische Geistesleben gegenwärtig in einer schweren Krise.

Das letzte Jahrzehnt ist wie in den westlichen Ländern so auch in Japan von der Studentenbewegung gezeichnet. Darüber eingehend zu berichten, würde zu weit führen. Außerdem sind die Hauptfacta durch die Tagespresse bekannt. Natürlich hat auch auf diesem Gebiete Japan seine eigene Färbung. Auch darauf einzugehen ist hier nicht der Ort. Wohl sollte hier wenigstens erwähnt werden, daß außer dem, was von der japanischen Studentenschaft in den Schlagzeilen steht, ein neues Interesse für die japanische Eigenkultur erwacht ist und laut Zeugnis vieler Zen-Meister die Beteiligung an den strengen Zenübungen durch die Studenten in jüngster Zeit auffällig im Wachsen ist. Die Zahl derjenigen, die den Weg zur christlichen Religion finden, ist dagegen zurückgegangen.

Auch auf religiösem Gebiet steht Japan in einer schweren Krise, die sich überall in der Welt fühlbar macht.

Der Buddhismus, der einst als Religion in Japan eine größere Blüte erlebte als in irgendeinem anderen Lande und der in der Erleuchtung einen wahren Schatz besaß, ist nicht nur in viele Sekten gespalten, sondern verliert auch ständig an Boden und Einfluß bei der Bevölkerung. Die materialistische Philosophie zehrt schon lange an seinem Lebensmark. Durch die Agrarreform der Nachkriegszeit verloren überdies die früher reichen Tempel viel von ihrem Landbesitz. Es blieb ihnen nur so viel Land, wie sie für ihren eigenen Lebensunterhalt brauchten. Damit war es mit dem materiellen Wohlstand der Tempel zu Ende. Die Mönche müssen oft mit eigener Hand ihre Felder bestellen, um sich und ihre Familie zu ernähren. Natürlich suchen sie von ihren Gläubigen möglichst viel finanzielle Hilfe zu bekommen. Dadurch sind sie vielfach in den Ruf geraten, daß sie die Religion nur als Geschäft betreiben, um ihren Lebensunterhalt zu verdienen, und nicht aus innerer Überzeugung. Immer wieder hört man von den Leuten, der Buddhismus sei zwar eine gute Religion, aber die Mönche hätten keinen Eifer mehr.

Gelegentlich wird auch von einem Wiederaufleben des Buddhismus gesprochen. Die einzelnen Sekten machen große Anstrengungen, sich sozial und kulturell zu betätigen, aber der Erfolg ist gering. Bei aller Anerkennung dessen, was der Buddhismus im Laufe der Jahrhunderte für das japanische Volk geleistet hat, kann man diese Tatsache nicht leugnen. Das ist gewiß auch eine Folge der intellektuellen, d. h. dialektischen Schwäche dieser Religion, von der schon vorher die Rede war. Die Japaner, und zwar besonders die der jungen Generation, sind skeptisch geworden. Sie fragen nach dem Warum und wollen für alles auch die Gründe wissen. Das haben sie vom Westen gelernt. Außerdem schätzen sie die Wissenschaften sehr und stehen nun auch vor dem Problem: Glaube und Wissen, so formulieren wir es gewöhnlich. Buddhistische Philosophie paßt aber schlecht zur Logik und Dialektik, auf der die moderne Wissenschaft aufbaut. Daraus folgt zwar nicht, daß die buddhistische Philosophie darum einfach abzulehnen ist, aber de facto gilt bei den jungen Leuten doch alles als rückständig, was nicht mit den Methoden der Wissenschaft, besonders der Naturwissenschaften, in Einklang gebracht werden kann. Diese Tendenz wird im Unterricht schon von der Volksschule an gefördert. Religion darf außerdem, wenigstens in den öffentlichen Schulen, nicht unterrichtet werden. Zu Hause aber ist die Religion viel mehr eine Familientradition als eine Sache der persönlichen Überzeugung. Es herrscht ein kalter Krieg zwischen buddhistischer Tradition und materialistischer Philosophie, und wie die Dinge nun einmal in Japan liegen, ist der Ausgang des Kampfes leicht vorauszusehen. Ja, man kann schon jetzt sagen, daß die meisten Tempel wohl schon verlassen und vereinsamt wären, wenn nicht noch gewisse soziale Bindungen beständen. Auch wer einen andern Glauben hat, kann nur mit Wehmut sehen, wie Tempel mit jahrhundertealter Tradition inmitten der Naturschönheit, in der man sie mit großem Geschick angelegt hat, von Sturm und Regen zerstört werden, ohne daß der Mönch, der daneben wohnt, es verhindern kann. Solche Tatsachen sind für die geistige Lage bezeichnend.

Eine neue Blütezeit ist für den Buddhismus in Japan ebensowenig zu erwarten wie ein Neuaufblühen des Shintoismus und Kaiserkultes in alter Pracht. Das wird jeder zugeben müssen, der das heutige Japan und den Charakter seines Volkes kennt. Viele Mönche sehen die Schwierigkeiten auch sehr klar. Manche wollen daher den Buddhismus grundlegend ändern, um ihn dem modernen Geistesleben anzupassen. Aber es dürfte eine große Frage sein, wie weit das geschehen kann, ohne daß der Buddhismus sein Wesen verliert.

Das Gesagte gilt in erster Linie von den Sekten, die eine

mehr als tausendjährige Tradition in Japan haben. Anders ist es mit vielen neuen Religionen, die zum großen Teil aus den alten hervorgegangen sind. Manche von ihnen haben innerhalb weniger Jahrzehnte viele Millionen Anhänger geworben. Wie lange sie Bestand haben werden, läßt sich heute noch nicht voraussagen.

Trotz aller Krisen ist aber der Buddhismus in der Zen-Sekte, oder besser: den Zen-Sekten, noch im Besitz des großen Schatzes der Erleuchtung. Die Zen-Mönche genießen auch heute noch unter allen buddhistischen Mönchen das größte Ansehen. Das heißt natürlich nicht, daß sie alle die Erleuchtung haben. Wirklich hoch erleuchtete Mönche findet man sehr selten. Meistens sind sie sehr alt, 80 Jahre oder noch älter. Diese wenigen Menschen verkörpern die alte Tradition. Sie sind abgeklärte und äußerst sympathische Menschen, übrigens meist unverheiratet. Bis zur Meiji-Zeit (zweite Hälfte des 19. Jahrhunderts) mußten alle Zen-Mönche unverheiratet bleiben. Danach wurde allgemeine Erlaubnis zum Heiraten gegeben, und so sind heute fast alle verheiratet. Die wenigen, die unverheiratet geblieben und im geistlichen Leben weit fortgeschritten sind, bedauern, daß die alte Strenge abgeschafft wurde. Sie betrachten das als Degeneration. Einer von ihnen sagte mir ganz ehrlich, daß man heute im Zen nicht mehr eine solche Strenge ertragen könne, wie sie in den beschaulichen Klöstern der Katholiken geübt wird (Genshû Watanabe). Die Entwicklung der letzten Jahrzehnte macht es sehr fraglich, ob auch in der Zukunft die Erleuchtung einen starken Einfluß auf den japanischen Volkscharakter ausüben wird. In der Vergangenheit hat dieses Erlebnis auf die japanische Kultur und Mentalität einen tiefgehenden Einfluß ausgeübt, ja es ist sogar der allerwesentlichste Faktor dieser Kultur gewesen. Jeder, der die japanische Kultur kennt, sieht darin einen Beweis, daß in dieser Erleuchtung ein großer Reichtum verborgen ist und daß sie nicht nur für den einzelnen ein unschätzbarer Gewinn ist, sondern auch für die Gemeinschaft eine äußerst reiche Lebens- und Kulturquelle sein kann.

Nach obigen Ausführungen wird der Leser vielleicht den Eindruck haben, als wären diese Werte schon unwiderruflich dem Untergang geweiht. Das ist jedoch nicht so. Fraglich ist nur, ob der Buddhismus auf die Dauer imstande sein wird, dem japanischen Volk diese eben zu erhalten. Nein, es ist nicht zu spät. Denn noch wurzelt der Geist des Zen tief im Charakter des japanischen Volkes. Das Feuer glimmt noch unter der Asche. Es droht nur vom Materialismus erstickt zu werden. — Hätte nicht hier die christliche Mission eine große Aufgabe? Sollte nicht gerade sie diese Werte in sich aufnehmen und mit neuem Leben erfüllen? Und würde nicht den Japanern der Zutritt zum Christentum erleichtert, wenn sie dort etwas von ihrem Eigenen und gerade vom Besten, was sie von ihren Vätern ererbt haben, fänden? — Doch das sind Fragen, auf die wir im Rahmen dieses Buches nicht näher eingehen können. Ob andrerseits die Aufnahme des Zen für die christliche Religion eine Bereicherung sein könnte, und in welchem Sinne, das werden wir in den nächsten Kapiteln untersuchen.

ERLEUCHTUNG UND GOTTESGLAUBE

Wie steht nun die Erleuchtung zum Gottesglauben, zum Monotheismus? Erleuchtung an sich sagt ja nichts aus über Monismus, Pantheismus oder Monotheismus. Jeder, der die Erleuchtung erlebt, wird sie entsprechend seiner Weltanschauung interpretieren. Ohne weltanschauliche oder religiöse Motive wird er sich aber kaum der großen Mühe unterziehen, die notwendig ist, um zu diesem Erlebnis zu kommen. Hat er es aber einmal erreicht, so wird er weiterhin verlangen, es immer wieder zu haben und zu vertiefen. Er wird versuchen, es mit seiner Weltanschauung zu verbinden. Da das Erlebnis in dem oben beschriebenen Sinne ein Hineingerissensein in die Leere ist, scheint ein solches Bemühen zunächst widersinnig. Trotzdem wird es nach einiger Zeit gelingen. Der Mensch wird dann innerlich vollkommen geeint und ständig bereichert, wie es der Reichtum der indischen und japanischen Kultur beweist. Hier können wir passend ein Wort von Thomas Merton anführen: „Die ‚Unwissenheit‘ des wahren Mystikers bedeutet nicht Unvernunft, sondern Übervernunft. Zuweilen scheint die Beschauung das spekulative Denken zu verwerfen, in Wirklichkeit aber bietet sie dessen Erfüllung. Jede Philosophie und Theologie, die sich über ihre Bedeutung in der wahren Ordnung der Dinge klar ist, strebt danach, über die Wolke auf dem Gipfel des Berges einzutreten, in welcher der Mensch hoffen kann, dem lebendigen Gott zu begegnen. Jede Wissenschaft müßte daher erfüllt sein von dem Bewußtsein ihrer Grenzen und vom Verlangen nach einer lebendigen Erfahrung der Wirklichkeit, welche dem spekulativen Denken allein unerreichbar bleibt" [10].

[10] Thomas Merton, a. a. O., 62.

Der Buddhismus hat die Erleuchtung weitgehend ausgenutzt, um seine Weltanschauung zu vertiefen. Gemäß den Vorschriften Dôgens sollen in der Zazen-Halle selbst keine religiösen Zeremonien abgehalten werden, aber damit wollte Dôgen in keiner Weise den religiösen Glauben verleugnen. Er selbst war ein tief religiöser Mensch. Dasselbe gilt von den erleuchteten Mönchen in der Gegenwart. Mit den Zen-Übungen werden stets religiöse Übungen verbunden, wenn auch nicht in der Zazen-Halle. Beides geht ganz harmonisch zusammen. Zazen ist also auch für die Buddhisten nicht etwa ein Ersatz für Religion, sondern ist selbst Religion. Es fragt sich nun, ob und wie der Monotheist die Erleuchtung für seine Weltanschauung nutzbar machen kann. (Das Wort Monotheist ist ganz allgemein gebraucht und gilt für Christen, Juden und Mohammedaner.) Er kann sie sich ohne Zweifel indirekt nutzbar machen, indem er sie in ihrem ursprünglichen Sinne als Erfahrung des Selbst mit allem, was damit gegeben ist, nimmt. Das gilt auch schon von der zweiten Stufe, also vor der eigentlichen Erleuchtung, wie das folgende Kapitel ausführlicher zeigen wird.

Er kann die Erleuchtung aber auch benutzen als Hilfe zu einer radikalen Loslösung von allem Geschaffenen in der Absicht, Gott zu finden. Im Zusammenhang mit dem Zitat von Baker wurde bereits darauf hingewiesen, daß diese Methode sehr geeignet ist, sich von den Sinnen unabhängig zu machen bzw. diese unter die Herrschaft des Geistes zu bringen. Dies gilt unabhängig davon, ob jemand an Gott glaubt oder nicht. Der Buddhist, wenigstens der Anhänger des Zen-Buddhismus, versteht ja gerade darunter die Erlösung, die für ihn die völlige Befreiung von Sinnen und Begriffen ist, wie sie durch die Zen-Meditation Schritt für Schritt vollzogen wird und in der Erleuchtung ihren Höhepunkt erreicht. Auf diesem Wege soll dann auch — buddhistisch gesprochen — die Befreiung aus der Kette der Wiedergeburten erlangt werden. Auf die weltanschauliche Frage brauchen wir hier nicht weiter einzugehen. Aber es geht uns an dieser Stelle nicht darum, daß der Mensch durch die Übung des Zen und besonders die Erleuchtung von seinen Sinnen frei wird. Hier möchten wir vielmehr die Frage aufwerfen, ob der Mensch in der Erleuchtung eine Hilfe finden kann, Gott näherzukommen.

Der Klarheit halber sei zunächst gesagt, was mit dem „Gott-Näherkommen" eigentlich gemeint ist, was das Ziel dieser Annäherung ist. Im christlichen und vielleicht in jedem echten monotheistischen Sinne ist es die Gottesschau in der Liebesvereinigung. Gott näherkommen heißt also in dieser Richtung vorangehen. Nach christlicher Lehre ist es keinem Menschen hier auf Erden möglich, Gott direkt zu schauen. „Gott hat nie jemand geschaut" (Joh. 1,18). Wohl aber ist es möglich, in der Bewegung auf dieses Ziel Fortschritte zu machen. Ohne Zweifel liegen z. B. Offenbarung und eingegossene Beschauung in dieser Linie. Und da erhebt sich nun die Frage, ob auch die Erleuchtung — ich sage noch nicht: in dieser Linie liegt, sondern nur: auf diesem Wege — indirekt von Nutzen sein kann. Mir scheint, daß diese Frage entschieden zu bejahen ist. Denn zum Näherkommen zu Gott in diesem Sinne ist die Lösung vom Geschaffenen notwendig. Das lehren alle Mystiker, ganz besonders radikal der hl. Johannes vom Kreuz. Nun kann es doch wohl keine radikalere Loslösung vom Geschaffenen geben als die, welche die Erleuchtung bedeutet und vermittelt. Sie ist ja die Aufgabe von allem in so konsequenter Weise, daß nur der reine Existenzakt übrigbleibt. Weiter kann man nicht gehen in der Loslösung von allem, einschließlich des eigenen Ich. Das gilt wenigstens von der Erleuchtung in sich, d. h. wenn man sich in diesem Zustand befindet. Sobald man aus diesem Zustand herauskommt, wird man aus der höheren Ebene ganz oder teilweise wieder in den gewöhnlichen Zustand kommen und bemerken, daß die Loslösung doch noch nicht vollkommen war und die bösen Neigungen noch nicht ganz erstorben sind. Aber das hindert nicht, daß der Erleuchtete während seiner Ekstase oder Enstase in einer erworbenen Passivität der vollkommenen Leere ist. Je mehr er sich nun übt, um so freier wird er auch außerhalb dieses Zustandes werden. Das aber ist die beste Disposition, um Gott näherzukommen. So läßt sich also die Erleuchtung indirekt für die Annäherung an Gott ausnutzen, weil die dadurch erlangte Loslösung notwendige Voraussetzung ist für ein Gott Näherkommen.

Können wir nun noch einen Schritt weitergehen und sagen, daß die Erleuchtung uns direkt näher zu Gott bringen kann, daß sie also in der Linie liegt, die in der Anschauung Gottes endet? Man wird zumindest sagen können, daß sie einen Schritt vorwärts in dieser Richtung bedeutet und unter Umständen tatsächlich geeignet sein kann, dieses christliche Ziel anzusteuern.

Für die Beantwortung dieser Frage sind die Erfahrungen des Islam von großem Nutzen.

Es steht fest, daß sich im Islam ähnliche Erfahrungen wie im Yoga und Zen finden. Auch in der mohammedanischen Mystik findet sich das abgeschlossene Für-sich-Sein, das wir ja, psychologisch gesprochen, als Wesen der Erleuchtung erkannten. Der islamische Mystiker wird aber nicht bei dem Für-sich-Sein stehenbleiben, noch es monistisch auswerten, sondern nach Möglichkeit monotheistisch interpretieren und ausnutzen. Es drängt ihn, Gott zu erleben. Besonders kann uns hier das Zeugnis des bekannten Mystiker-Martyrers Halladj dienen. Dieser hat zweifellos das Erlebnis des Für-sich-Seins gehabt, wie aus seiner Beschreibung klar hervorgeht. Aber er sagt auch, man dürfe nicht dabei stehenbleiben. Das sei gerade die Sünde Luzifers gewesen. Da die Erfahrung des Leerseins ungeheuer reich ist, so ist die Gefahr, dabei stehenzubleiben, sicher vorhanden. Auch im Zen ist man sich dieser Gefahr übrigens klar bewußt. Sie wird dort durch die buddhistische Religion überwunden, die wie jeder Glaube Demut verlangt. Halladj spricht von den Gluten und dem berauschenden Charakter der reichen Fülle dieses Zustandes. Aber trotzdem muß nach ihm der Mensch weitergehen zu einer zweiten Stufe, nämlich vom Einswerden des Selbst im Selbst zum Einswerden des Selbst in Gott.

Dieser Übergang geschieht jedoch nicht von selbst, sondern verlangt, daß der Mensch sich darum bemühe. Es kann wohl vorkommen, daß man meint, man sei zum Einswerden des Selbst in Gott vorgedrungen, obwohl es tatsächlich nur ein tieferes Ergreifen des Selbst ist. Aber die Seele muß aus diesem Zustand des reinen Für-sich-Seins heraus. Sie muß nach Halladj gleichsam von Gott in die Einsamkeit gesetzt werden, um teilzuhaben an der geheimnisvollen göttlichen Einsamkeit. Hier wird die blinde ontologische Liebe in einen Dialog von (menschlicher) Person zur (göttlichen) Person verwandelt (Gardet). Halladj sagt:

> „Umklammert habe ich mit meinem ganzen Wesen Deine ganze Liebe, Du Heiligkeit! Du hast Dich in mir geoffenbart, so sehr, daß es mir scheinen will, Du selbst bist es, der in mir ist."

Auch wenn man das Gesetztwerden in die Einsamkeit Gottes als eine Gnade ansieht, die nicht erzwungen werden kann, so bleibt wahr, daß dafür das Eingehen in die Leere des Selbst im Selbst eine ausgezeichnete Vorbereitung ist, daß es gewissermaßen die Vorstufe dazu ist.

Nach Halladj kommt übrigens noch eine dritte Stufe hinzu. Diese besteht darin, daß die Einsamkeit in Gott nicht in sich beschlossen ist. Gott liebt seine Geschöpfe und läßt die Seele an dieser Liebe teilnehmen, indem sie mit ganz selbstloser Liebe die Geschöpfe liebt und so alles zurückerhält, worauf sie verzichtet hat, aber ohne jeden Egoismus, in reiner Gottesliebe. So also „kann" sich die Erleuchtung im Monotheismus auswirken, und auch diese dritte Stufe hat ihre Parallele im Zen, nämlich insofern, als für den Erleuchteten nun alles verklärt ist.

Ob bei den islamischen Mystikern in manchen Fällen diese Erfahrung mit Mystik im christlichen Sinne gleichgesetzt werden kann oder sogar muß, braucht hier nicht untersucht zu werden. Ein Unterschied besteht auf jeden Fall darin, daß man im Islam die Erleuchtung auch in sich erlebt und beschrieben hat, also auch als ein von der Gnade unabhängiges Erlebnis. Das wird auch deutlich aus der Warnung, nicht dabei stehenzubleiben. Andrerseits wird aber auch ebenso klar gesagt, daß dieses Erlebnis weiter, nämlich zu Gott, führen kann und soll. Und darauf kommt es uns hier an. Dagegen wird es unter den christlichen Mystikern wohl kaum einen geben, der von der Erleuchtung als von einem selbständigen Phänomen spricht. Von vornherein ist da stets Gnade mit eingeschlossen, wenn man auch sagen kann, daß die Erleuchtung im Sinne einer Wesensschau implicite auch manchen christlichen Mystikern zuteil wurde.

Hier drängt sich nun die Frage auf, ob es auch Zen-Mönche gibt, die durch die Erleuchtung zum Gottesglauben kommen. Die Frage ist durchaus verschieden von der bisherigen bezüglich der Mohammedaner. Diese haben ja schon einen Gottesglauben, während es jetzt darum geht, ob jemand, der noch nicht an Gott glaubt, durch die Erleuchtung zum Gottesglauben kommt oder wenigstens kommen kann.

Die Loslösung von den Geschöpfen, wie sie im Zen vollzogen wird, kann indirekt durchaus zu einer Annäherung an Gott helfen. Aber hier geht es um eine mehr direkte Beziehung. Für den Buddhismus ist die Erleuchtung das Erleben des Einsseins mit der Natur, mit dem All. Im Zen spricht man nicht von Gott, legt aber andrerseits doch Wert

darauf, nicht als Atheist zu gelten. Dieser scheinbare Widerspruch ist wohl so zu erklären, daß man es im Zen-Buddhismus ablehnt, das Absolute in Begriffe und Worte zu fassen. Ein solcher Gottesbegriff würde sich übrigens auch nicht mit einem echten mystischen Gotteserlebnis decken. Daraus erklärt sich auch die Krise, die vor einem solchen Gotteserlebnis auftritt. Gott ist eben unbegreiflich und daher auch unbegrifflich. Wenn also ein im Zen Erleuchteter zum Gottesglauben käme, so würde er sein Erlebnis nicht in unseren christlichen Begriffen ausdrücken. Er könnte sich aber wohl allmählich davon überzeugen, daß das, was er für den christlichen Gottesbegriff hielt, doch verschieden ist von dem wahren christlichen Gottesbegriff, der sich durchaus mit seinem Erlebnis vereinbaren läßt. In den meisten Fällen wird er freilich kaum das Bedürfnis haben, seinem Erlebnis einen begrifflichen Ausdruck zu verleihen oder seine Vorstellungen vom christlichen Gott zu prüfen und zu berichtigen. Er ist eben zufrieden in der Überzeugung, die Wahrheit gefunden zu haben. Hinzu kommt, daß man sich lange Zeit in Japan vom christlichen Gott eine Vorstellung wie von den shintoistischen Göttern machte, die viel zu anthropomorph ist, als daß sie dem Zen-Erlebnis gerecht werden könnte. Inzwischen hat jedoch der christliche Gottesbegriff einen Platz im religiösen Bewußtsein des Japaners gefunden. Es gibt viel mehr Menschen, die irgendwie an einen Gott im christlichen Sinne glauben, als man nach der Zahl der japanischen Christen vermuten sollte. Das legt auch heutzutage dem im Zen Erleuchteten die Verbindung seines Erlebnisses mit Gott näher, als es früher der Fall war. Ein Zen-Mönch, der in der Erleuchtung weit fortgeschritten war, sagte mir einmal: „Alles wird verneint, und in der Ferne sieht man Gott.“
Natürlich muß man auch berücksichtigen, daß der Sinn der Worte im japanischen Buddhismus nicht so klar ist wie der

unserer philosophischen und theologischen Fachausdrücke. Jeder, der mit einem Zen-Mönch zu disputieren versucht, wird das bald feststellen müssen. Man redet viel aneinander vorbei, weil man dieselben Worte in verschiedener Bedeutung gebraucht. Es ist dasselbe und ist doch verschieden. Der Sinn muß erfühlt werden. Wenn der Zen-Erleuchtete es auch ablehnt, im Zusammenhang mit seinem Erlebnis von Gott zu sprechen, so kann man deshalb noch nicht das Zen als atheistisch bezeichnen. Dies gilt wenigstens für die tatsächliche Lage in Japan.

Persönliche Erfahrungen und Begegnungen in Japan lassen vermuten, daß hoch erleuchtete Zen-Mönche durch die Erleuchtung schließlich zu einem echten Gottesglauben und daher auch zur Gottesliebe kommen, allerdings auf jener höheren Ebene, in der die Erleuchtung liegt. Ob sie ihr Erlebnis mit dem christlichen Gottesglauben identifizieren, ist eine andere Frage. Zunächst wird das nicht der Fall sein. Anders wäre es, wenn sie noch einen Schritt weiterkommen — und es wäre ein großer Schritt — und zur mystischen Vereinigung gelangten. Aber das wäre natürlich eine reine Gnade Gottes. Doch hat niemand ein Recht, das von vornherein auszuschließen. Tatsache ist jedenfalls, daß es in Japan Mönche gibt, die viele Jahre Zazen geübt haben und zum Gottesglauben gekommen sind. Sie sprechen von Gott mit einer Ehrfurcht und Andacht, die man von einem Christen nicht besser erwarten könnte. Weil es jedoch im Zen nicht Sitte ist, über seine inneren Erfahrungen zu sprechen oder zu schreiben, ist es sehr schwer festzustellen, wer auf diesem Weg zum Gottesglauben gekommen ist. Erst nach dem Tode berühmter Mönche pflegen ihre Schüler über deren innere Erfahrungen Vermutungen anzustellen und zu veröffentlichen. Aber das sind eben doch nur Vermutungen. Besonders gilt das von Erfahrungen, die zu einem Gottesglauben führen. Darüber werden sie mit besonderer Sorgfalt das Stillschweigen hüten, weil sie Gefahr

ROSHI HARADA, ZENMEISTER IM HOSSHINJI, OBAMA

MEDITATION IM GEHEN,
CHRISTLICHE ZENHALLE HIROSHIMA

laufen, von ihren Glaubensgenossen mißverstanden zu werden. Es setzt darum schon ein großes Vertrauen voraus, daß man mit einem Mönch über solche Dinge überhaupt sprechen kann. Weder ein Tourist noch ein Universitätsprofessor wird in einem Tempel solche Dinge hören. Wenn jemand weltanschauliche Fragen dieser Art stellt, wird er die schulmäßigen Antworten erhalten, aber nicht Geständnisse aus einem persönlichen Innenleben.

Der Zen-Buddhist geht genau den umgekehrten Weg eines Christen. Der Christ fängt mit dem Gottesglauben an und strebt mit diesem Fundament nach sittlicher Reinheit und Vollkommenheit. Für ihn ist die Stimme des Gewissens die Stimme Gottes, des höchsten Gesetzgebers. Im Zen dagegen beginnt man, ohne Gottesglauben nach Sittlichkeit und Vollkommenheit zu streben und kommt erst am Ende zu Gott. Je weiter einer in seinem Vollkommenheitsstreben vorankommt, desto klarer wird sein Gottesglaube. So gesehen ist die Erleuchtung wirklich ein Weg zum Gottesglauben und zur Gottesliebe, und zwar ein direkter Weg.

Es gibt sicher Zen-Mönche, die in der Erleuchtung, d. h. in ihrer Interpretation, im Einswerden mit der Natur und dem All, eine große Freude erleben. Und diese Freude geht so tief, daß sie durch Leiden und Widerspruch nicht beeinträchtigt, sondern verstärkt wird. Man hat hier beinahe den Eindruck, daß es sich nur um Unterschiede in den Worten und nicht in der Sache handelt. Anstatt „Natur und All" brauchte man nur „Gott" zu sagen.

Ein anderer Grund für das Schweigen der Erleuchteten über Gottesliebe liegt in der japanischen Auffassung, daß Liebe von einem Untergebenen zu einem Höhergestellten als Mangel an Ehrfurcht gilt. Auch das beruht auf einem Mißverständnis. Sobald nichtchristliche Japaner verstehen, was mit der Gottesliebe im christlichen Sinne gemeint ist, schwindet diese Schwierigkeit. Ein japanischer Laie, der mit gro-

ßem Eifer Zazen geübt hatte und zur Erleuchtung gekommen war, gestand mir, daß er bei der Lesung des
hl. Johannes vom Kreuz zum erstenmal verstanden hätte,
was wir mit der Liebe zu Gott meinen. Es ist schon aus
diesem allgemeinen Grunde verständlich, daß auch die
Zen-Mönche nicht von Liebe zu Gott sprechen. Sie sprechen
von dem Einssein. Das aber ist gerade ein Wesensmerkmal
der Liebe. Ein sehr alter Mönch sagte mir einmal, die Erleuchtung sei das Einssein mit der Natur. Unwillkürlich
sagte ich: „Für uns ist es das Einssein mit Gott." Der
Mönch nickte verständnisvoll. Damit soll freilich nicht gesagt sein, daß der buddhistische Monismus mit dem christlichen Monotheismus gleichzusetzen sei. Gemeint ist, daß
es vielleicht im Zen weit fortgeschrittene Mönche gibt, die
de facto in der Erleuchtung mit uns zusammentreffen. Es
kommt noch ein anderes Kennzeichen echter Gottesliebe
bei den erleuchteten Mönchen hinzu, nämlich die Liebe zu
den Menschen. In jeder Mystik besteht die Gefahr, sich
ganz auf sich selbst zurückzuziehen und darin seine Be-
friedigung zu suchen. Die echten christlichen Mystiker sind
dieser Gefahr nicht erlegen, sondern haben mit der Gottesliebe immer eine große Liebe zu den Menschen verbunden.
Auch im japanischen Zen ist man dieser Gefahr nicht erlegen, vielleicht von einigen Ausnahmen abgesehen. Das
beweist schon die Tatsache, daß das Zen einen großen
Einfluß auf die japanische Kultur ausgeübt hat. Mönche,
die lange Zazen geübt haben, sind besonders im fort-
geschrittenen Alter äußerst sympathische Menschen. Wenn
einer auch nur das geringste Anzeichen von stoischer Über-
heblichkeit an sich trüge, wäre das ein Beweis, daß er die
Erleuchtung nicht hätte.
Die hier vertretene Ansicht über die seelische Verfassung
eines erleuchteten Zen-Mönchs wird vielleicht nicht von allen
gebilligt werden, die sich mit Zen-Studien befassen. Sie ist
jedoch keine vorgefaßte Meinung. Ich bin vielmehr im

Verkehr mit asketisch hochstehenden Mönchen zu dieser Überzeugung gekommen und habe sie immer wieder bestätigt gefunden.

IM DIENSTE CHRISTLICHER ASKESE
UND MYSTIK

Ein Zen-Mönch sagte mir einmal: „Wenn Sie Zazen machen, werden Sie erst richtig verstehen, was der Katholizismus ist." Das klingt sicher abwegig, und ich habe es auch anfangs so empfunden. Ich konnte mir wirklich nicht vorstellen, was mir nach all den Studien der Philosophie und Theologie und nach einer langjährigen priesterlichen Tätigkeit das Zen noch vom Katholizismus beibringen könnte. Und doch muß ich heute zugeben, daß der Mönch in gewissem Sinne recht hatte. Die Zazen-Methode kann einem tatsächlich helfen, das Wissen, das man vorher gleichsam nur in zwei Dimensionen hatte, nun in drei Dimensionen zu sehen.
Im Christentum unterscheidet man klar zwischen asketischer Übung und Mystik. Die Askese ist jedem zugänglich und normalerweise die Voraussetzung für die eigentliche Mystik. Freilich lassen sich diese beiden Gebiete nicht vollständig voneinander trennen, sondern greifen oft ineinander über. Des leichteren Verständnisses wegen werden wir jedoch diese Unterscheidung grundsätzlich beibehalten. Wir sprechen daher zunächst über die Frage, wie die Zen-Methode und die Erleuchtung helfen können, auf dem Gebiete der christlichen Askese Fortschritte zu machen. Danach wollen wir untersuchen, ob und wieweit der Weg des Zen helfen kann, zur christlichen Mystik zu kommen:

1. Die Praxis des Zazen wird in Japan auch von nicht-buddhistischen Religionen mit Nutzen angewandt. Sie besteht ja in der Anwendung von rein natürlichen Kräften, und auch im Christentum sollen diese für das religiöse Leben benutzt werden, wie es verschiedentlich in der Ge-

schichte der Kirche geschehen ist. Es ist gewiß berechtigt, daß man nicht alles, was unter dem Namen östlicher Versenkung nach Europa kommt, ohneweiters für gut findet. Auch in Japan gibt es falschen Mystizismus, den man ablehnen muß und der die Menschen auch auf die Dauer nicht befriedigen kann. In manchen religiösen Versammlungen zum Beispiel sucht man in ekstatische Zustände zu kommen. Die Teilnehmer geraten außer sich und benehmen sich wie von Sinnen. Das stößt auch im Osten ernste Menschen ab. Im Zen wird so etwas nicht angestrebt, sondern im Gegenteil entschieden abgelehnt. Wohl ist es wahr, daß auch die Übung des Zazen mit Gefahren verbunden ist. Aber das gilt auch von jedem Streben nach einem tieferen Gebet, möge man es Mystik nennen oder nicht. Jeder volle Einsatz für ein inneres Leben ist ein Wagnis, aber ohne ein solches Wagnis ist wohl noch nie jemand heilig geworden. Trotzdem werden wir immer wieder ermahnt, nach Heiligkeit zu streben. Das Wagnis als solches ist eben nicht zu verwerfen, wenn es um einer wirklich edlen Sache willen unternommen wird. Es muß allerdings auch für Sicherungen gesorgt sein, um nicht am Wagnis zu scheitern; oder bildlich gesprochen: es besteht die Gefahr, daß man jäh in die Tiefe stürzt, wenn man meint, auf dem Gipfel des Berges angekommen zu sein.

In der christlichen Askese hat man durch viele Jahrhunderte Erfahrungen auf diesem Gebiete gemacht. Bei einer guten Einführung in die Askese und besonders in das Gebetsleben wird man keinen Schaden leiden, wenn man einen erfahrenen Seelenführer zur Seite hat. Dasselbe gilt gegenwärtig in Japan vom Zen. Auch dort hat man eine mehr als tausendjährige Erfahrung, und es ist interessant festzustellen, daß die Grundregeln der Seelenführung gewisse Parallelen aufweisen. Es wird auf dieselben Gefahren hingewiesen und immer wieder betont, daß Seelenführung notwendig ist, was man auch aus dem täglichen „Dokusan"

(Alleingehen zum Zen-Meister) bei den Zen-Übungen ersehen kann. Vielleicht würde man auch in Europa im Streben nach innerer Stille viel schneller zu einem befriedigenden Erlebnis kommen, wenn man sich die lange Erfahrung des Zen zu eigen machte, anstatt durch vielerlei Versuche sich um neue Methoden zu bemühen. Jedenfalls wird jeder die Erfahrung machen können, daß die Übung des Zazen auch für ein tieferes Gebetsleben von großem Nutzen ist.

Denn für jede Art des Gebetes ist innere Sammlung sehr wichtig. Man soll sich darum vorher nach Möglichkeit von seinen sonstigen Gedanken freimachen. Sonst ist man zerstreut und kann nicht recht beten. Aber es ist selbst für tiefgläubige und fromme Christen oft sehr schwer, sich genügend zu sammeln. Das gilt vor allem für Menschen, die im öffentlichen Leben stehen. Das moderne Leben hat auch auf sie seine Wirkungen, denen sich nicht einmal Ordensleute entziehen können, besonders wenn sie nicht nur ein beschauliches Leben führen, sondern in der Erziehung, Karitas oder Seelsorge tätig sind.

Wenn die Stunde des Gebetes, der Betrachtung oder der Liturgie kommt, ist es oft schwer, sich ganz von seinen sonstigen Gedanken freizumachen. Gelingt es auch für eine Zeit, so tauchen sie doch bald wieder störend auf. Es ist zwar richtig, daß diese Gedanken nicht durch eigene Schuld kommen und daher die Stunde des Gebetes vor Gott nicht wertlos machen. Das Bemühen allein ist schon ein verdienstliches Werk. Aber andrerseits wurde die Stunde des Gebetes sicher nicht angesetzt, damit man sich im Kampfe gegen Zerstreuungen Verdienste erwerbe, sondern damit man die dem Gebet eigenen Früchte für das religiöse Leben gewinne. Und dasselbe gilt für jeden Christen, der eine bestimmte Zeit für die Betrachtung festsetzt. Auch ihm gehen die besonderen Werte des inneren Gebetes verloren, wenn er dabei zuviel zerstreut ist. Wie soll sich zum Beispiel das Verständnis von Glaubenswahrheiten vertiefen, wenn jemand bei der Betrachtung kaum daran denkt oder wenn er sich nachher nicht einmal daran erinnert, worüber er versucht hat zu meditieren. Das liegt aber zunächst daran, daß es ihm im Lärm des modernen Lebens zu schwer wird, sich zu sammeln.

Eine andere Schwierigkeit beim betrachtenden Gebet ist die Trockenheit. Dafür gibt es verschiedene Ursachen. Es kann Müdigkeit oder Mangel an Vorbereitung sein. Es kann aber auch davon kommen, daß man sich schon zu sehr mit dem Betrachtungsstoff vertraut gemacht hat. Normalerweise wird jeder Anfänger in der Kunst des Betrachtens Fortschritte machen, wenn er nur den nötigen Eifer aufbringt. Es gibt verschiedene Methoden der Einführung in die Betrachtung, aber alle verlangen eine starke Betätigung der Seelenkräfte: Gedächtnis, Verstand und Willen. Es ist eine allgemeine Erfahrung, daß nach bestimmter Zeit, vielleicht nach einigen Jahren, die anfänglich wirksamen Methoden allmählich schwieriger werden. Man wird von dem Betrachtungsstoff weniger oder kaum beeindruckt. Wenn man sich aber sagen kann, daß man es am eigenen Bemühen nicht hat fehlen lassen, so ist es an der Zeit, zu einer mehr affektiven und einfacheren Betrachtungsweise überzugehen. Auch da werden sich jedoch Schwierigkeiten zeigen. Es ist eben nicht möglich, nach Belieben für längere Zeit einen einzelnen Affekt zu erhalten. Man kann zwar ein kurzes Gebet öfter wiederholen, aber das wäre nicht im Sinne des betrachtenden Gebetes. Es werden viele Zerstreuungen auftreten, da der Geist weder an einen Gedanken noch an einen Affekt gebunden ist. Gottes besondere Gnade kann auch darüber hinweghelfen aber auf diese Gnade kann man nicht mit Sicherheit rechnen. Gott läßt sich da keine Vorschriften machen, und wenn er die Gnade nicht gibt, wird die Betrachtung schwierig — mit oder ohne Zerstreuungen. Die meisten Menschen, die sich um das betrachtende Gebet bemühen, werden diese Erfahrungen machen. Dabei besteht die Gefahr, daß sie den Mut verlieren und die Betrachtung wieder aufgeben.

Um diese Schwierigkeiten zu überwinden, kann die Zazen-Methode eine große Hilfe sein.

Erstens ist sie ein vorzügliches Mittel, sich von seinen alltäglichen Gedanken loszumachen und sich wirklich innerlich zu sammeln. Das gilt besonders von der dritten Stufe, der eigentlichen Erleuchtung, durch die wir auf eine höhere Ebene gehoben und aus der Verkettung der Gedanken und störenden Gefühle gelöst werden. Wenn man die für jede geistige Tätigkeit erforderliche Frische hat, kann man diese Methode jederzeit anwenden, da sie mit rein natürlichen Kräften arbeitet.

Zweitens ist sie auch für ein einfaches, mehr beschauliches Gebet besonders geeignet. Das ist wenigstens meine persönliche Erfahrung, und ich glaube wohl, daß jeder die Bestätigung dafür durch eigene Versuche finden kann. Und diese Bestätigung wird um so stärker sein, als er in die dem Zazen eigene Sammlung hineindringt. Die Betrachtung wird da zu einer „contemplatio" im Sinne einer erworbenen Beschauung. Gerade das, was nach einer gewissen Zeit die Betrachtung mit den Seelenkräften hindert, nämlich die zu große Vertrautheit mit dem Betrachtungsstoff, wird nun zu einer Hilfe. Die bewußte Tätigkeit der Seelenkräfte soll ja ausgeschaltet werden, und darum hilft die Vertrautheit mit dem Betrachtungsstoff zur Beschauung.

Drittens ist die Zen-Methode auch eine vorzügliche Hilfe für das mündliche und liturgische Gebet, wie oben ausführlich dargelegt wurde.

Die Methode, und vor allem die Erleuchtung, könnte also eine Bereicherung für das christliche religiöse Leben werden. Bezüglich des betrachtenden Gebetes kommt noch hinzu, daß manche Menschen schon von Anfang an große Schwierigkeiten mit der Betrachtung haben, während sie für ein einfacheres, mehr kontemplatives Gebet eine gewisse Leichtigkeit besitzen. Dabei kann es sich aber auch um eine natürliche Anlage handeln und nicht um eine übernatürliche Gabe für das mystische Gebet. Solche Leute könnten von Anfang an mit Hilfe der Zen-Methode die Zeit der Betrachtung viel nützlicher gestalten, als wenn sie sich mit den Seelenkräften abmühen. In Japan wenigstens findet man diesen Typ sehr häufig, und ganz allgemein dürften Japaner mit der Betrachtung, wie sie den Christen gelehrt wird, mehr Schwierigkeiten haben als Europäer. Das hängt eben mit der Verschiedenheit der Kulturkreise zusammen. Aber trotz der Schwierigkeiten bleibt es für jeden, der sich das Christentum ganz zu eigen machen will, wichtig und notwendig, die Glaubenswahrheiten zu durchdenken. Zen-Mönche haben mir schon oft gesagt, daß der Katholizismus den großen Vorteil einer klaren und festen Lehre, theologisch gesprochen: einer Dogmatik, habe. Ein verstandesmäßiges Erfassen ist also auch für den Japaner sehr wichtig und wird vom ihm geschätzt, aber das kann auch durch Lesung und Studium erreicht werden. Das Zazen dagegen ist dafür da, sich die Lehre „einzuverleiben", wie es ein Zen-Meister ausdrückte.

Mit Recht sind wir von der Richtigkeit und von dem einzigartigen Wert unseres Glaubens überzeugt und sollen auch nicht meinen, daß darin irgend etwas verbessert werden sollte oder könnte. Unser Glaube hat eben die von Gott selbst geoffenbarte, absolute Wahrheit zum Gegenstand. Aber deswegen brauchen wir uns nicht zu scheuen, von andern Religionen Methoden zu übernehmen, durch die wir uns unseren Glauben und unsere Religion noch mehr zu eigen machen können.

Gewiß muß man die Grenzen klar sehen, aber es scheint doch, daß die orientalischen Religionen die natürlichen Kräfte des Menschen besser ausgenutzt haben, als das Christentum es getan hat. Das ist auch leicht verständlich. Denn das Christentum ist Offenbarungsreligion und geht daher direkt auf das Übernatürliche. Nach christlicher Auffassung ist nur eines absolut notwendig, nämlich, daß der Mensch sein letztes Ziel erreicht, und wenn es vielleicht auch erst nach einer langen, schmerzvollen Reinigung von allem Unvollkommenen und erst recht von allem Sündhaften, das ihm im Augenblick seines Hinscheidens noch anhängt, geschehen sollte. Daher sieht die Kirche darauf, daß der Mensch zunächst im Sakrament der Wiedergeburt, in der Taufe, die Gnade der Rechtfertigung erhält. Solange er diese Gnade nicht durch eigene, schwere Schuld verliert, ist er sicher, sein letztes Ziel zu erreichen, auch wenn der Tod ihn unerwartet und sonst unvorbereitet treffen sollte. Wenn einmal diese Sicherung eingeschaltet ist, soll der Mensch mit all seinen natürlichen Kräften nach Tugend und sittlicher Vervollkommnung streben. — Bei einem Nichtchristen, wenigstens in Japan, ist die Reihenfolge genau umgekehrt. Für ihn heißt es zunächst, sich mit seinen natürlichen Kräften von der Sünde und den bösen Neigungen freizumachen und allmählich ein sittlich guter und innerlich freier Mensch zu werden. Das ist praktisch sein wichtigstes und einziges Ziel. Je mehr er danach strebt, um so klarer wird ihm überhaupt erst das letzte Ziel des Menschen, und in irgendeinem Sinne kommt er so dem ihm noch „unbekannten" Gott nahe.

Weil er einen persönlichen Gott, der ihm helfen könnte, nicht kennt, ist er ganz auf seine natürlichen Kräfte angewiesen und sucht, soviel wie möglich mit ihnen zu erreichen. Eifrige Menschen haben dann in ungeheurer Anstrengung herausgefunden, wie man mit den natürlichen Kräften des Menschen zur sittlichen Vollkommenheit und inneren Freiheit gelangen kann. Das wird für sie meistens gleichbedeutend mit Erlösung, denn nach ihrer Auffassung besteht die Erlösung eben darin, daß der Mensch von allen seinen bösen Neigungen frei wird. Wie weit dem einzelnen unbewußt die Gnade Gottes dabei hilft, läßt sich nicht sagen. Jedenfalls kann er nichts anderes tun, als gerade seine natürlichen Kräfte ganz und möglichst vorteilhaft einzusetzen. So haben es Religionen wie etwa der Zen-Buddhismus in der Ausnutzung der natürlichen Kräfte (einschließlich der Körperkräfte) für ein religiöses Ziel weiter gebracht als das Christentum. Das soll natürlich nicht heißen, daß die Zen-Askese schlechthin höher zu werten ist als die christliche. Im Gegenteil fehlen ihr wesentliche Elemente der letzteren, besonders die Nachfolge Christi als Weg und nächstes Ziel, die über die natürliche Tugend hinausgeht, und als letztes Ziel: die bewußte Ausrichtung auf die Gottesliebe. Vom christlichen Standpunkt aus sollte man jedoch in der geschickten Ausnutzung der natürlichen Kräfte in der Zen-Methode eine besondere Vorsehung Gottes sehen. Dieser Vorsprung mancher nichtchristlicher Religionen ist in gewissem Sinne ein Ersatz dafür, daß sie mit der Offenbarung so viel später in Berührung kommen, also, christlich gesprochen, benachteiligt sind. Gott will ja, daß alle Menschen errettet werden, und es hat darum nie einen Menschen gegeben — und es wird auch nie einen geben —, dem Gott nicht mit so großer Liebe nachgeht, als wenn es sonst keinen anderen Menschen auf der Welt gäbe. Auch die Anhänger anderer Religionen und selbst jene, die gar keiner Religion angehören, sind nicht von dieser Liebe Gottes ausgeschlossen. Wir sollten uns daher freuen und Gott danken.

Im übrigen hat die katholische Kirche die Ausnutzung der natürlichen Kräfte für das Religiöse nie grundsätzlich abgelehnt. Man muß sogar hinzufügen, daß die Mönche in alter Zeit dafür mehr Verständnis aufgebracht haben als wir in der Gegenwart. P. Dechanet OSB hat das in seinem Buch „Yoga für Christen"[11] mit Recht betont. Es liegt im Zug unserer Zeit, liturgische Handlungen möglichst abzukürzen und zu vereinfachen. Aber da geht es ja um kör-

---

[11] J. M. Dechanet O. S. B., Yoga für Christen. Die Schule des Schweigens, Luzern 1957.

perliche Bewegungen, also um rein natürliche Handlungen. Sie wurden von den Alten als Auswertung des Körperlichen für das Religiöse eingeführt, und insofern standen sie den orientalischen Religionen näher und hielten doch stets am Übernatürlichen fest. Es dürfte daher in keiner Weise dem Geiste der Kirche widersprechen, die natürlichen Kräfte für Gebet und religiöses Leben einzusetzen und dafür auch von nichtchristlichen Religionen etwas zu lernen.

2. Wie kann nun der Weg des Zen auch helfen, zur christlichen Mystik zu kommen? Bei dieser Frage müssen wir stets im Auge behalten, daß der Rahmen oder die theologische Struktur, innerhalb dessen bzw. derer die christliche bzw. buddhistische Aussage über Mystik bzw. Erleuchtung gemacht wird, verschieden ist. Schon der Begriff „Gnade", der in diesem Zusammenhange von zentraler Bedeutung ist, hat nicht bei beiden denselben Sinn aus dem einfachen Grunde, weil im Buddhismus der persönliche Gott ausgeklammert ist. Innerhalb des christlichen Bereiches wird das Geschehen in der Mystik wesentlich als ein Gnadengeschenk betrachtet. Der Buddhismus betrachtet die Erleuchtung in erster Linie oder sogar ausschließlich als eine Wirkung des eigenen menschlichen Bemühens. Ganz klar ist die Sache freilich nicht, obwohl die eigene Anstrengung im Zen sehr stark betont wird. Ohne auf diese Frage näher einzugehen, sei nur bemerkt, daß der Begriff „Selbsterlösung" mit Bezug auf das Zen von manchen westlichen Autoren oft zu stark gepreßt wird. Sogaku Harada sagt an einer Stelle, daß das Zen nicht schlechthin Selbsterlösung sei.

Was wird nun der Christ von seinem Standpunkt her über die Erleuchtung sagen? Er kann sich natürlich einfach mit der Aussage des Buddhismus identifizieren, nämlich daß die Erleuchtung mit rein natürlichen Kräften erlangt werden kann. Aber dann muß er, vom christlichen Standpunkt gesehen, hinzufügen, daß auch der Buddhist wie jeder Mensch Gnade bekommt und sogar notwendig braucht. Er kann daher im Einzelfalle niemals sagen, daß die Erleuchtung ohne Mitwirkung der Gnade erlangt worden sei. Mit dieser Einschränkung also kann man die Erleuchtung als ein natürliches Geschehen bezeichnen. Demgegenüber wird in der christlichen Mystik der gnadenhafte Charakter allgemein vorausgesetzt. Mystik in diesem Sinne ist eben ein unmittelbares Wirken Gottes in der Seele. Inhaltlich ist es das Erleben des Gnadenlebens. Erleben heißt hier aber nicht, daß wir die Wirkungen der Gnade irgendwie feststellen können, sondern ist vielmehr das unmittelbare Innewerden der Teilnahme an der göttlichen Natur. Da diese Tatsache sich jedem natürlichen Wissen einfach entzieht, wissen wir zunächst davon nur durch den Glauben, d. h. durch Offenbarung. Im mystischen Erlebnis aber erfahren wir nun direkt, was wir bisher nur indirekt durch den Glauben wußten. Während zum Beispiel jemand für gewöhnlich nur durch den Glauben weiß, daß Gott in der Seele des Gerechten wohnt, wird er dessen in der mystischen Vereinigung mit Gott unmittelbar inne. Er wird sozusagen von Gott unmittelbar berührt. Darum könnte er in diesem Augenblick auch nicht an der Tatsache zweifeln, die er bislang nur im dunklen Lichte des Glaubens erkannte. Und weil es eine unmittelbare Berührung Gottes ist, ist dieses Erlebnis immer mit höchster Freude und tiefstem Seelenfrieden verbunden. Der Höhepunkt in all den verschiedenen Phänomenen der christlichen Mystik ist bekanntlich die eingegossene Beschauung. Sie wird definiert als ein einfacher, liebender Blick auf Gott, wobei die Seele von Bewunderung und Liebe zu Gott hingerissen wird, Ihn erfahrungsmäßig erkennt und Ihn in tiefem Frieden als Vorgeschmack der ewigen Seligkeit verkostet.

Da die Mystik also ein unmittelbares Wirken Gottes ist, kann sie niemals durch natürliche Kraft und Anstrengung erworben werden. Kommen wir nun nochmals auf die Erleuchtung zurück, wie der Buddhist sie sieht. Für unsere Frage ist besonders aufschlußreich, daß der Buddhist, parallel zu dem soeben von der christlichen Mystik Gesagten, die Erleuchtung auch als das Innewerden der Teilnahme an der Buddhanatur bezeichnet. Damit ist natürlich nicht die einmalige Natur des historischen Buddha gemeint, sondern das eine nicht-personale Absolute, mit dem das Selbst letztlich identisch ist. Auch der Buddhist glaubt das zunächst auf Grund seiner Lehre, bis es ihm in der Erleuchtung zum Erlebnis wird.

Wenn wir nun einmal versuchen, alle theologischen und weltanschaulichen Strukturen beiseite zu lassen, so können wir vielleicht doch beide Aussagen auf einen gemeinsamen Nenner bringen und sagen: In der Erleuchtung sowohl wie in der christlichen Mystik wird das eine absolute Sein erfahren; jedoch ist es im ersten Falle eine apersonale, im zweiten dagegen eine personale Erfahrung des Absoluten (Gott). (Näheres über diese Frage siehe bei Carl Albrecht. Das mystische Erkennen. Schünemann, Bremen, 1958.) Eine wichtige Folge dieser Feststellung ist, daß die Erleuchtung, obwohl sie eine echte Intuition ist, weder zur Erkenntnis eines persönlichen Gottes noch zur christlichen Mystik führen m u ß.

Es kann sich also bei der Beziehung zwischen Erleuchtung und christlicher Mystik nur um die Frage handeln, ob die Erleuchtung nicht nur, wie früher dargelegt, in besonderer Weise eine negative Vorbereitung für mystische Gnaden ist, sondern ob sie nicht auch ipso facto eine in besonderer Weise günstige Disposition der Seele schafft, um die freie Gnade der Mystik von Gott zu erlangen. Eben das scheint aber hier der Fall zu sein, wie sich schon aus einigen Andeutungen in früheren Ausführungen vermuten ließ. Bei den Mystikern des Islams wurde schon darauf hingewiesen, daß sie nicht beim Selbst im Selbst stehenblieben, sondern weiter strebten zum Selbst in Gott und schließlich zu Gott im Selbst. Dabei sahen wir ganz davon ab, ob sie wirklich zu einer übernatürlichen Mystik gelangten oder nicht. Hier jedoch ist die Frage, wie man die Methode des Zen und die Erleuchtung für den Weg zur Mystik nützlich machen kann.

Zur Beantwortung dieser Frage sei auf ein früher gegebenes Zitat von Augustin Baker hingewiesen, in dem es unter anderem hieß: „Diese Fähigkeiten der höheren Seele müssen sich zusammenschließen in dem, was man ihre Einheit nennt ... und diese Einheit, die allein imstande ist, sich vollkommen mit Gott zu vereinigen, muß auf Gott angewandt und gerichtet werden." Diese Einheit wird von den Mystikern auch „Seelenspitze" oder „Seelengrund" genannt; genauer sagen sie, daß die mystische Vereinigung mit Gott in dieser Seelenspitze bzw. dem Seelengrund stattfindet. Im Zen spricht man zwar nicht von Seelenspitze oder Seelengrund, aber die Tatsache der Einigung des Menschen wird sehr stark betont. In der Erleuchtung wird ja gerade diese vollkommene Einigung des inneren Menschen erlangt.

Man sagt ferner in der christlichen Mystik, daß das Gebet der Sammlung das Eingangstor oder die erste Stufe des mystischen Gebetes sei. Diese Sammlung besteht nun gerade darin, daß sich alle Seelenkräfte nach innen wenden. Im Gebet der Sammlung geschieht das allerdings nach dem Zeugnis der Mystiker unter dem Einfluß der Gnade, während die Seele sich passiv verhält. Es ist sogar so, daß die Seele sich dann nach der gewöhnlichen Betrachtungsweise gar nicht betätigen kann, da die Tätigkeit des Betrachtens der passiven Sammlung entgegengesetzt ist. Die Betrachtung teilt auf, vergleicht usw., während die Sammlung eint. Man sagt auch, daß die passive Sammlung ein Zeichen dafür sei, daß Gott die Seele auch weiter in dieser Richtung und selbst bis zur Beschauung führen wolle. Sol-

ZENMEISTER MATSUDA,
ZAZEN BEI DER ARBEIT

BODHIDHARMA — BEGRÜNDER DES ZEN

chen Seelen wird geraten, daß sie selber sich um diese Sammlung bemühen sollen und nicht versuchen, zur Betrachtung zurückzukehren, es sei denn, daß der innere Zug zur Sammlung wieder ganz verschwindet. Diese Übung beschreibt Baker gerade in der oben zitierten Stelle und beruft sich dabei auf große Mystiker wie Tauler und die hl. Theresia.

Baker selbst hat mit seiner Auffassung die besten Erfahrungen gemacht. Er schreibt an einer anderen Stelle, daß er später, als er durch Schriftstellerei und Seelenführung übermäßig beschäftigt war und viel weniger Gelegenheit für das Gebet finden konnte, aus der wenigen Zeit, die ihm blieb, viel größeren Nutzen gezogen habe. Wörtlich heißt es: „Indessen schien diese wenige Zeit (die noch seine Messe miteinschloß) ebenso nützlich für seine Seele wie früher viele Stunden; so wirksam und erhoben war damals sein Gebet" [12]. Es wird bei Baker aber auch sehr klar, daß die Anwendung seiner Methode nicht nur ein rein passives Verhalten war, sondern eine große, aktive Anstrengung erforderte, bis er schließlich zu jenem so wirksamen Gebet kam. Er sagt von sich: „Wenn er versucht hätte, darin noch mehr zu tun, so hätte er sich der Gefahr eines Kopfleidens ausgesetzt" [13]. Der Vollständigkeit halber sei über Baker noch gesagt, daß er lange, bevor er die genannte Methode praktizierte, eine große mystische Gnade erhalten hatte. Doch scheint das für unsere Frage belanglos zu sein, da er diese Gnade viele Jahre hindurch vernachlässigte. Danach hatte er eine zweite Bekehrung, und aus dieser Zeit stammen die obigen Angaben. Augustin Baker wurde zwar nicht von der Kirche selig- oder heiliggesprochen, aber als Seelenführer war er sehr befähigt und geschätzt. Gerade für seine Methode des Ziehens der Sinne nach innen konnte er sich auf Autoren wie die hl. Theresia

---

[12] Paul Renaudin, a. a. O., 140.
[13] Paul Renaudin, a. a. O., 140.

von Avila berufen, deren Schriften die Kirche als klassische Werke der Mystik hochschätzt.

Sicher sollen die Seelen, die einmal passiv von Gott die Sammlung erhalten haben, sich nun auch von sich aus um diese Sammlung bemühen. Aber es scheint durchaus nicht vermessen zu sein, dasselbe zu tun, auch wenn man dieses Erlebnis passiv noch nicht gehabt hat. Wir sollen ja nach Möglichkeit unsere natürlichen Kräfte benutzen. Zwar sind diese besonders auf religiösem Gebiet durch die Sünde geschwächt, sind aber doch noch zu großen Leistungen fähig. Das zeigen im profanen Lebensbereich die Errungenschaften der Wissenschaft und Technik, die die Kräfte unseres Menschengeistes bis zum letzten ausnutzen. In gleichem Maße sollten die natürlichen Kräfte auch für das geistige Leben, für Askese und Gebet, eingesetzt werden. Der Mensch darf sie in dieser Hinsicht nicht brach liegen lassen und alles von der Gnade erwarten. Auch die natürlichen Kräfte sind von Gott erschaffen und haben selbst für das Religiöse im gefallenen Zustand des Menschen noch einen hohen Wert und eine große Aufgabe. Leider wird diese Tatsache von manchen guten Christen und Ordensleuten bisweilen übersehen. Die Völker des Ostens dagegen haben die natürlichen Kräfte des Menschen für das Religiöse gut ausgenutzt, wie es ja schon die Tatsache der Erleuchtung klar zeigt.

In der Methode des Zazen scheint nun auch den Christen ein Mittel zur Verfügung zu stehen, das nicht nur allgemein für die Askese, sondern auch für ein besseres kontemplatives Gebet von großem Nutzen ist. Unter den verschiedenen Betrachtungsweisen gibt es auch eine „erworbene Beschauung", die darin besteht, daß man durch vieles Betrachten zu einem mehr affektiven und einfacheren Gebet kommt. Ebenso kann auch Zazen ein Weg zu einer „erworbenen Beschauung" sein und wird es um so besser sein, je näher man an die Erleuchtung herankommt. Denn die

Tätigkeit der Seelenkräfte, besonders des Verstandes, tritt ganz zurück, und der Mensch wird auf eine höhere Ebene gehoben, wo die Seelenkräfte unmittelbar geeint werden. Die in der Zen-Meditation erworbene Einheit kann sich ohne Schwierigkeit direkt auf Gott richten. Ja, man kann diese Tätigkeit mit vollem Recht einen einfachen, liebenden Blick auf Gott nennen, wobei natürlich nicht behauptet werden soll, daß dieser Blick auf Gott mit der eingegossenen Beschauung identisch sei. Wer es erlebt, versteht wohl, was gemeint ist. Er wird auch verstehen, daß dieser einfache Blick auf Gott nicht möglich ist, ohne daß die Seele im beschriebenen Sinne geeint ist, ob diese Einigung nun ein reines Gnadengeschenk ist oder das Ergebnis eigener Anstrengung. Ob Gott die Seele weiter zur eingegossenen Beschauung im eigentlichen Sinne der christlichen Mystik führt, steht in Seiner ganz freien Wahl. Niemand kann das erzwingen, auch wenn er zu jener Einigung gelangt ist, die als Disposition dafür die notwendige Voraussetzung ist. Jedenfalls kommt da die Seele Gott bis an die Grenzen ihrer Möglichkeit entgegen. Und dieses Entgegenkommen geschieht nicht nur auf indirektem Wege wie durch Losschälung und Opfer, die für jede höhere Gnade des Gebetes notwendig sind, sondern direkt und „formaliter", indem die Seele sich mit Aufwendung ihrer natürlichen Kräfte in jene Einheit versetzt, die für die mystische Vereinigung notwendig ist.

Man wird vielleicht von christlicher Seite fragen, was diese Methode mit der Liebe Gottes zu tun habe, in der sich ja die mystische Vereinigung mit Gott vollziehe. Darauf ist zu sagen, daß es sich hier um einen Christen handle, der die Methode aus christlichen Motiven anwende. Sein Anliegen ist gerade das liebende Verlangen nach Gott. Er möchte mit Gott in Liebe eins werden und bringt darum alle Opfer, die für diese Methode notwendig sind. Abgesehen von den physischen, körperlichen Opfern, verlangt diese

Methode den vollkommenen Verzicht auf jede ungeordnete Selbstliebe, und dieser Verzicht wird aus Liebe zu Gott geleistet. Die reine Meinung, die eben Liebe zu Gott ist, ist bei jeder Methode der christlichen Askese notwendige Voraussetzung und wird auch hier vorausgesetzt.

Manche werden vielleicht vor dieser Methode zurückschrecken, weil sie für die christliche Askese etwas Neues ist. Sie möchten lieber bei den erprobten Methoden christlicher Askese bleiben als bei andern Religionen, deren Glaube von dem unsern verschieden ist, etwas zu entleihen. Diese Auffassung ist durchaus verständlich und auch berechtigt. Es wäre abwegig und widersinnig, in christlichen Ländern von christlicher Seite einen Propagandafeldzug für östliche Meditationsmethoden zu eröffnen. Es ist auch Tatsache, daß diese Methoden viele Menschen im Westen nicht ansprechen. Schon die Sitzweise ist ja für den Europäer viel schwieriger als für den Asiaten, der auf dem Boden bzw. auf Matten und Teppichen sitzend aufgewachsen ist. Seine Glieder sind von Jugend an geschmeidiger als die des Westländers. Dazu kommt die große Verschiedenheit der Kulturen von Ost und West. Daher wäre es falsch, irgendeinem diese Art Askese oder Meditation aufzudrängen. Andrerseits hat bereits die Erfahrung gezeigt, daß es auch im Westen Menschen gibt, darunter auch eifrige Katholiken, die diese Art anspricht, selbst wenn sie die vorgeschriebene Haltung des Körpers nicht in allem beobachten können, und die dort wirklich eine wertvolle Hilfe in ihrem religiösen Leben finden. Wenn wir daher in unserer Darstellung die positiven Seiten der Zen-Methode hervorgehoben haben, so ist das geschehen, um eine konkrete Vorstellung zu geben, worin sie besteht, nicht aber, weil sie für jeden Menschen der beste Weg ist. Direkte Propaganda ist außerdem im Zen nicht üblich. Im Gegenteil zeigen sich die Zen-Meister oft sehr ablehnend, Schüler anzunehmen und weisen sie zunächst ab. Sie wissen nur zu gut, daß man mit dieser Methode nur Erfolg hat, wenn man entschlossen ist, sie konsequent durchzuführen. Andrerseits ist es auch abwegig, die östlichen Methoden als Magie und Hypnose abzutun. Das trifft für das Zen sicher nicht zu. Haben wir nicht im Gegenteil — von den eigenen Wünschen ganz abgesehen — gerade hier eine Verbindungsmöglichkeit zwischen Ost und West, einen Weg, der zwar sehr steil und schwierig, dafür aber frei von allen selbstsüchtigen Nebenabsichten ist? Wahrscheinlich würde der Osten dem von uns verkündeten Glauben mehr Verständnis entgegenbringen, wenn auch wir uns bemühen, von ihm in religiöser Hinsicht etwas zu lernen, wo es ohne Beeinträchtigung unseres Glaubens geschehen kann. Gerade der Weg des Zen befindet sich längst nicht mehr im Anfangsstadium eines Tastens im Dunkeln. Die Methode ist durch die Erfahrung vieler Jahrhunderte gesichert. Allerdings braucht man auch hier einen Seelenführer. Aber in der katholischen Kirche sind die Erfahrungen aus allen Gebieten der Askese und Mystik so reich, daß ein guter Seelenführer auch ohne besondere Erfahrung im Zen alle mit Sicherheit vor Unfällen bewahren kann, die diesen Weg des Zen als Christen gehen wollen. Hier gilt dasselbe wie bei der Seelenführung mystisch begnadeter Seelen, wobei ja auch der Seelenführer nicht notwendig ein Mystiker zu sein braucht. Es ließen sich noch viele Parallelen zwischen Zen und Mystik aufweisen, aber wir wollen in der Untersuchung der gegenseitigen Beziehungen noch einen Schritt weitergehen.

Ob Gott nun theoretisch alle Menschen zur Mystik berufen hat oder nicht, sicher ist doch wohl, daß er das Glück der Menschen, und zwar auch das übernatürliche Glück will. Darum gibt er jedem Menschen die Möglichkeit, in den Stand der Gnade zu kommen und an der göttlichen Natur teilzunehmen. Das aber ist der Ausgangspunkt zur Erreichung des letzten Zieles des Menschen, der beseligenden Anschauung Gottes. Wird diese auch dem Menschen erst im Jenseits zuteil, so ist doch anzunehmen, daß der Mensch nach Gottes Willen sich dieser Teilnahme auch schon im gegenwärtigen Leben erfreue. Gott ist ja nicht wie ein Mensch, der sich erschöpft, wenn er sein Bestes gibt und darum etwas für später aufsparen müßte, um dann nicht mit leeren Händen dazustehen. Es scheint durchaus sicher Gottes Willen zu entsprechen, daß der Mensch, der einmal das Gnadenleben erhalten hat, auch in diesem Leben nach Möglichkeit in dessen bewußten Besitz kommt.

Wenn der Mensch auf dem begonnenen Wege nicht weiter vorankommt, liegt der Grund nicht notwendig darin, daß Gott keine außergewöhnlichen Gnaden gibt. Es ist vielmehr unwahrscheinlich, daß ein Mensch, der wirklich disponiert ist, wenigstens in die ersten Stadien des mystischen Erlebnisses einzutreten, durch Gott daran verhindert wird. Nachdem der Mensch einmal die heiligmachende Gnade erhalten hat, ist er doch berufen, dieselbe auch bis in ihre letzten Auswirkungen, also bis zur Anschauung Gottes selbst, zu erleben. Man kann wohl verstehen, daß Gott nicht jeden Menschen durch die Gnade gleichsam zwingt, seine Seelenkräfte zu einigen, bevor der Mensch selber daran denkt, sich darum zu bemühen. Wenn aber der Mensch mit allen Kräften danach strebt und schließlich mit großen Opfern bis zu jener Einheit des Geistes gelangt, sollte man doch annehmen, daß Gott dem Menschen in dieser Richtung weiterhilft. Damit soll nicht gesagt sein, daß ein solcher Mensch damit bis zur höchsten Beschauung kommt, denn dazu ist noch eine weitere Reinigung notwendig, die Gott selbst vornehmen muß.

Es ist sicher schon öfter vorgekommen, daß Menschen wegen falscher Seelenführung nicht zum mystischen Gebet kamen, obwohl sie die passive Sammlung erfahren hatten. Das zeigt doch, daß Gott sein Wirken in der Seele nicht nur vom guten Willen des Menschen abhängig macht, sondern auch von der Geschicklichkeit im Einsatz der menschlichen Kräfte. In der Methode des Zen werden nun die natürlichen Kräfte äußerst geschickt eingesetzt, um zu einem einfachen und kontemplativen Gebet zu verhelfen. Viele Menschen, die sich vergeblich bemühen, auf den bisher üblichen Wegen dazu zu kommen, könnten es durch diese Methode erreichen. Die Zen-Methode führt sicherer zum Ziele, weil sie eben von vielen Umständen unabhängig ist, die die Betrachtung erschweren.

Es bietet sich hier also die Möglichkeit, Priestern und Ordensleuten (aktiver Orden) und auch Laien trotz aller äußeren Tätigkeit den Weg zu einem tiefen Gebetsleben zu eröffnen, ohne daß es eine außerordentliche Berufung zu hohen mystischen Gnaden zu sein braucht. Und darin besteht doch eine konkrete Möglichkeit, die Menschheit trotz der Unruhe und Hast, in der wir nun einmal leben, wieder zu Gott zurückzuführen. Nur wenn die Menschen wieder zu Gott zurückfinden, wird der Fortschritt der materiellen Kultur zum Segen werden. Gewiß werden weder durch diese noch durch eine andere Methode alle Menschen zu einem tiefen Gebetsleben gelangen, aber je mehr Menschen dazu kommen, um so mehr wird die Menschheit als Ganzes gesunden.

Die Darstellung der Beziehung zwischen Zen und Mystik im christlichen Sinne wäre selbst in diesem bescheidenen Rahmen unvollständig, wenn nicht wenigstens kurz der große Doctor Mysticus, der heilige Johannes vom Kreuz, erwähnt würde. Wo dieser Lehrer der Mystik vom Wege zur mystischen Vereinigung mit Gott spricht und angibt, unter welchen Bedingungen diese zustande kommen kann, sagt er, die Seele müsse nicht nur von jeder durch die Sinne empfindbaren Bindung, sondern auch von jeder dem Denken begreifbaren Bindung frei sein. Manche haben daher sein Erlebnis mit dem des griechischen Denkers Plotin (gest. 270) gleichgesetzt, und damit würde es auch mit dem

Zen zusammenfallen. Letzteres ist jedoch sicherlich falsch. Niemand, der das Erlebnis der Erleuchtung hat, wird das behaupten können, wenn er Johannes vom Kreuz aufmerksam liest. Andrerseits schafft die Erleuchtung gerade bezüglich der sinnlichen Wahrnehmungen und des begrifflichen Denkens jene Disposition, die nach Johannes vom Kreuz für die mystische Vereinigung erforderlich ist. So wird auch durch ihn die obige Ansicht bestätigt, und man kann wohl sagen, daß Johannes vom Kreuz und auch Plotin das Erlebnis der Erleuchtung gehabt haben. Bei Johannes vom Kreuz war es sicher in vollkommener Weise. Aber das war eben noch nicht alles. Man könnte sagen, daß sein besonderes Erlebnis als einen Teil das Erlebnis der Erleuchtung mit einschloß.

Louis Gardet hat diesen Unterschied folgendermaßen ausgedrückt: „Das Leermachen des Yoga (bzw. Zen) erfährt sich in einer Fülle, die zu jeder Zeit in der Tiefe des Seins ist. Das ‚Nichts‘ des Johannes vom Kreuz liegt nicht auf der natürlichen Seinsebene. Es geht hier nicht darum, den Urakt der Existenz zu erreichen, sondern darum, auf die Gnade zu antworten, welche reinigt und die Akte des Denkvermögens und des Willens überhöht, damit eine Fülle in sie eindringe, die nicht von Menschen kommt, sondern vom transzendenten Gott und Erlöser" [14]. Dieser Auffassung möchten wir die eines großen Mystikers aus dem Mittelalter zur Seite stellen. Es ist Jan van Ruysbroeck (1294 — 1381). Er spricht zwar nicht von Zen- oder Yoga-Erfahrungen, sondern behandelt allgemein die Frage, ob und wie weit mystische bzw. mystisch-ähnliche Erfahrungen mit dem „natürlichen Licht der Vernunft", also ohne göttliche Gnade, erlangt werden können. Er sagt von diesen Erfahrungen, daß sich auch dort Gott mitteile und beschränkt sie demnach also nicht auf den „Urakt der Existenz". Ruysbroeck fügt dann aber hinzu, daß sich Gott in

[14] Louis Gardet, a. a. O., 110.

seiner Fülle erst durch die Gnade des Heiligen Geistes mitteile. Unsere bisherigen Erklärungen dürften der Auffassung Ruysbroecks besser entsprechen. (Näheres siehe in Zen-Buddhismus, a. a. O., S. 286 ff.) Bei beiden Auffassungen scheint die Leere des Yoga und des Zen eine denkbar günstige seelische Disposition für jene Gnade zu sein. Johannes vom Kreuz sagt selbst: „Ich sage, es verhält sich in Wirklichkeit so, daß Gott die Seele in diesen übernatürlichen Zustand versetzen muß, aber auch, daß die Seele, soweit es an ihr liegt, sich dazu vorbereiten muß — und das kann auf natürlichem Wege geschehen, vor allem mit der Hilfe, die Gott der Seele zuteil werden läßt" [15]. Das ist es gerade, was hier dargelegt wird.

[15] Aufstieg zum Karmel, Buch II, Kap. 2.

PRAKTISCHE ANWEISUNGEN ZUM ZAZEN

Man könnte nun fragen: Ist denn das Zazen für einen Durchschnittsmenschen bei seiner starken Berufsarbeit möglich? Ferner: Ist es für Leute möglich, die aus der abendländischen Kultur kommen? Macht denn diese ganze Tradition und Denkweise nicht unüberwindliche Schwierigkeiten? Die Menschen des Westens sind ja viel mehr verstandesmäßig und logisch, dafür aber weniger intuitiv veranlagt als die des Ostens. Sollte das alles nicht ein noch größeres Hindernis sein als die physische Anstrengung, die mit dem Zazen verbunden ist?

Alle diese Bedenken sind durchaus berechtigt. Ich habe sie auch empfunden. Aber ich bin zu der Überzeugung gelangt, daß weder die physischen noch die geistigen Hindernisse unüberwindlich sind. Man muß nur einmal anfangen und etwas Ausdauer haben. Dann erreicht man auch etwas. Natürlich gibt es Abstufungen in den Ergebnissen. In der Praxis muß man zunächst unterscheiden, ob jemand Zazen macht, um für sein sittliches Streben und sein Gebetsleben eine gewisse Hilfe zu erlangen oder um zur eigentlichen Erleuchtung zu kommen. Jeder, der bereit ist, auch für seine Vervollkommnung als Mensch etwas Zeit zu opfern, kann es beim Zazen ohne zu große Anstrengungen dahin bringen, daß er wirklich einen wesentlichen Gewinn erzielt und sich für seine Mühen reichlich belohnt sieht. Je länger er die Übungen fortsetzt, um so näher wird er auch der eigentlichen Erleuchtung kommen. Wenn es vielleicht Jahre dauert, bis er diese erlangt, so hat er doch den Trost, daß er während dieser ganzen Zeit seelisch ständig bereichert wurde. Mit dem Streben nach Erleuchtung ist es nicht wie mit einem Lotteriespiel, in dem man sein Geld umsonst ausgegeben hat, wenn man kein Los gewinnt. Es geht vielmehr wie bei den Schatzgräbern, denen der sterbende Vater sagte: „In unserm Acker liegt ein Schatz, grabt nur danach!" Je mehr die Söhne den Acker umgruben, um den Schatz zu finden, um so reichere Früchte brachte der Boden.

Um das Zazen zu erlernen, muß man einen Zen-Meister haben. Das ist eine Grundregel, die auch manche Schwierigkeit bietet. In Europa oder Amerika wird es schwer sein, einen solchen zu finden, und selbst wenn man einen findet, gibt er so wenige theoretische Anweisungen, daß jeder Europäer, der zum erstenmal zu einem geht, enttäuscht ist. Nach alter Tradition herrscht im Zen der Grundsatz, daß jeder nur durch eigene Erfahrung lernen kann und soll. Im folgenden soll darum versucht werden, möglichst konkrete Anweisungen zu geben, wie diese Übungen ohne Hilfe eines Lehrers angestellt werden können.

Die im Zazen übliche Körperhaltung beim Sitzen verursacht ganz erhebliche Schmerzen. Es scheint fast hoffnungslos zu sein, unter diesen Umständen irgendeine gute Wirkung zu erzielen oder überhaupt geistig zu arbeiten. Darum fragen Anfänger, zumal Europäer, immer wieder, ob es keinen anderen Weg zum Ziele gibt, zumindest ob nicht auch irgendeine weniger schmerzliche Sitzweise genügt. Man muß sicher zugeben, daß die Erleuchtung ein rein natürlicher und nicht ein übernatürlicher Vorgang ist. Man kann darum auch nicht von vornherein behaupten, daß dieselbe nur durch Yoga oder Zen erlangt werden kann. Plotin z. B. kannte weder Yoga noch Zen noch sonst eine körperlich besonders ausgearbeitete Methode und hat doch dieses Erlebnis gehabt. Er schlug einen ganz andern Weg ein und hat das Erlebnis durch Denken erreicht. Man kann wohl sagen, daß er eben zum Absoluten kommen wollte und durch immer neues Nachdenken und In-sich-Hineingehen schließlich dazu gelangte. Eine eigentliche Methode kannte er offenbar nicht. Er scheint zwar das Verlangen gehabt zu haben, die Weisen Indiens aufzusuchen, aber der Plan kam nie zur Ausführung. Für Plotin wurde eben das Problem, über das er immer wieder nachdachte, gewissermaßen zu einem Kôan, an dem er schließlich die Erleuchtung bekam.

Andere Menschen kommen auf ganz entgegengesetztem Wege zur Erleuchtung. Meistens sind es einfache Leute, die in ländlicher Umgebung leben und kaum geistig tätig sind. Jahrein, jahraus arbeiten sie auf dem Felde oder hüten das Vieh, sprechen kaum mit jemand und gelten vielleicht sogar als Sonderlinge. In Wirklichkeit aber sind es tief innerliche Menschen. Eines Tages bekommen sie dann die Erleuchtung, ohne selber darauf hinzuarbeiten oder so etwas auch nur zu erwarten. Solche Fälle sind auch im Zen bekannt. Wieder andere haben eine besondere Veranlagung, so daß eine gewisse innere Sammlung von selbst eintritt. Das führt in manchen Fällen zur Erleuchtung. Andrerseits sind diese Menschen wegen ihrer Veranlagung um so mehr der Gefahr ausgesetzt, auf Irrwege zu geraten.

Jedenfalls haben weder diese Menschen noch Plotin eine Methode entwickelt, um zur Erleuchtung zu kommen. Sie sind einen ganz individuellen Weg gegangen und können daher — wenn überhaupt — nur von ganz wenigen Menschen mit Erfolg nachgeahmt werden. Wenn jemand diese individuelle Nachahmung versucht, dürfte er wohl später zum Ziele kommen, als wenn er sich der Zazen-Methode oder der des Yoga anpaßt. Zu diesen Methoden aber gehört nun einmal, daß auch die Körperkraft in den Dienst der Sache gestellt wird, entweder durch entsprechende Freiübungen, durch Atemübungen oder durch eine bestimmte Sitzweise.

Selbst wenn man nun physische Mittel als notwendig zugibt, bleibt immer noch die Frage, ob man nicht weniger schmerzhafte finden könnte. Ohne Zweifel wird die Tätigkeit der Seelenkräfte durch chemikalische Mittel in Form von Pillen oder Injektionen beeinflußt. Aber es ist eine ganz andere

Frage, ob man die im Zazen erreichte seelische Verfassung auf künstlichem Wege bewirken kann. Wohl ließe sich denken, daß man mit solchen Mitteln in einen Zustand kommt, in dem man gewissermaßen die Spur des Ochsen entdeckt. Aber es würde das nur in einem sehr beschränkten Sinne gelten, denn der Mensch würde dadurch weder sittlich noch religiös wachsen. Er ist eben keine Maschine. Man kann den menschlichen Willen durch medizinische Mittel lähmen und auch anregen, aber nicht moralisch besser machen. Selbst wenn man auf diese Weise etwas für die Erleuchtung erreichen könnte, so wäre es nur eine anfängliche Disposition. Der radikale geistige Verzicht müßte an einer andern Stelle in anderer Form geleistet werden. Jedenfalls sind im Zen noch keine Versuche auf diesem Gebiet gemacht worden.

Mehr Bedeutung für die Praxis hat darum die Frage, ob es nicht eine Körperhaltung gibt, die weniger schmerzlich ist und doch dieselben Wirkungen wie das Zazen hat. Diese Frage wird von den Fachleuten nicht schlechthin negativ beantwortet. Sie sagen z. B., daß auch das japanische „Suwari", gewöhnlich mit „Hocken" wiedergegeben, zum Ziele führen kann. Nur muß dabei der Oberkörper gerade gehalten werden, und auch die Augen müssen wie beim Zazen auf einen bestimmten Punkt gerichtet sein. Diese Haltung ist für das Meditieren viel geeigneter als manche andere, wie z. B. gerade das Knien. Man kniet sich auf eine Decke und läßt sich nach hinten hinunter, so daß man auf die eigenen Fersen zu sitzen kommt. Dabei soll die Außenseite der Fußknöchel flach auf dem Boden liegen und die großen Zehen sich berühren oder auch aufeinanderliegen, so daß die Füße eine Mulde bilden. Da die Unterschenkel flach auf dem Boden liegen und der ganze Körper sich senkrecht darüber befindet, kann der Körper sich in dieser Lage vollständig entspannen (wie es z. B. beim Sitzen auf einem Stuhle oder beim Knien nicht möglich ist).

Wenn sich auch in Schulen und sonst im öffentlichen Leben die europäische Sitzweise schon allgemein verbreitet hat, so ist doch das Suwari in der Familie noch allgemein im Brauch. Manche Leute haben anfangs Schwierigkeiten, bis auf die Fersen herunterzukommen, weil ihre Schenkel zu stark sind, aber auch das läßt sich durch Übung beheben. Für alle ist es jedoch im Anfang etwas schmerzhaft, weil die Sehnen in ungewohnter Weise gespannt werden und die Blutzirkulation behindert ist. Jeder Ausländer, der sich in Japan anzupassen versucht, macht diese Erfahrung. Wenn er bei einem Besuch in einem japanischen Hause längere Zeit gehockt hat, verliert er das anfängliche Schmerzgefühl, aber auch jedes andere Gefühl in den Beinen. Wenn er aufstehen will, fällt er wieder zu Boden, bevor er sich ganz aufrichten kann. Immerhin ist es möglich, diese Sitzweise verhältnismäßig leicht zu erlernen.

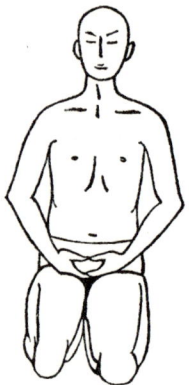

Abb. 1.
Suwari — Vorderansicht

Abb. 2.
Suwari — Rückansicht

Da man sich in Japan allgemein an die traditionellen Formen des Zen hält, ist uns bisher kein Fall bekanntgeworden, in dem jemand durch das Suwari allein zur Erleuchtung gekommen ist. Wenn man jedoch alles beobachtet, was sonst beim Zazen vorgeschrieben ist, wird man sicher eine gute Wirkung erzielen und vielleicht sogar die Erleuchtung erlangen.

Noch weniger als das Suwari ist das Sitzen auf einem Stuhle anzuraten. Wenn man es aber tut, darf man sich dabei nicht anlehnen und muß natürlich den Oberkörper gerade aufgerichtet halten. Als Ausnahme wird dies Ausländern gestattet, wenn sie in einem Zen-Kloster die Übungen mitmachen und die anderen Sitzweisen nicht ertragen können. Wenn die übrigen Vorschriften beobachtet werden, wird auch diese Haltung nicht wirkungslos sein. Am besten legt man dabei ein rundes Kissen auf den Stuhl und setzt sich dann möglichst auf den vorderen Rand. Nach einigen Versuchen findet jeder die Lage heraus, bei der die aufrechte Haltung des Oberkörpers möglichst leicht ist.

Es ist auf jeden Fall anzuraten, das eigentliche Zazen zu erlernen. Denn es führt am sichersten zum Ziele und kann von jedem erlernt werden, der einigermaßen gesund und noch nicht zu alt ist. In Japan machen Leute aus allen Ständen in dieser Weise Zazen. Selbst Frauen tun es mit gutem Erfolg und erst recht Schüler und Studenten. Es ist zwar für Japaner im Anfang leichter als für Europäer, da sie das Suwari gelernt haben und auch sonst gewohnt sind, auf dem Boden zu hocken.

Man begnüge sich zunächst mit dem „Hanka", d. h. man legt nur den rechten Fuß auf den linken Oberschenkel und nicht gleichzeitig den linken Fuß auf den rechten Oberschenkel. Beim Hanka kann man auch wechseln, wenn nach einiger Zeit der Fuß ermüdet ist. Nachdem man das Hanka gut gelernt hat, kann man versuchen, das „Kekka" zu machen, d. h. gleichzeitig den rechten Fuß auf den linken Oberschenkel und den linken Fuß auf den rechten Oberschenkel zu legen oder umgekehrt. Obwohl das Kekka physisch viel schwieriger ist als das Hanka, ist die psychologische Wirkung doch, wenigstens bei Anfängern, nicht wesentlich größer. Darum soll man ruhig beim Hanka bleiben, wenn das Kekka zu schwierig ist. Die Zen-Mönche benutzen bei der Meditation gewöhnlich das Kekka, aber es gibt auch Mönche, die sich mit dem Hanka begnügen.

Wenn man einmal gelernt hat, längere Zeit in der Zazen-Stellung zuzubringen, wird man mit Überraschung feststellen, daß diese Körperhaltung weniger ermüdet als andere Sitzweisen und geradezu als geniale Erfindung erscheint. Wenn einer z. B. mit gekrümmtem Rücken auf einem Stuhl sitzt, verändert er bald seine Haltung, weil der Rücken schmerzt, dem zuliebe er die krumme Haltung gewählt hat. Beim Zazen dagegen hat man nicht das Bedürfnis, die Haltung zu ändern. Allerdings ist dafür längere Übung notwendig, besonders wenn man wegen seiner Berufsarbeit vielleicht nur 5 bis 10 Minuten am Tage dafür freimachen kann. Es ist viel wichtiger, daß man regelmäßig, wenn auch kurze Zeit, übt als unregelmäßig und lange. — Im folgenden sollen nun in Beschreibung und Abbildung konkrete Anweisungen zum Zazen gegeben werden.

Es ist wünschenswert, daß sowohl das Zimmer, in dem man Zazen macht, als auch die nähere Umgebung desselben möglichst ruhig ist. Die Zen-Klöster wurden in Bergen und Wäldern angelegt und oft so, daß nicht viel Sonne hinein kam. Denn auch das Licht soll gedämpft sein. Dabei sind jedoch Geräusche, die von der Natur kommen, wie das Rauschen des Windes in den Bäumen, das Murmeln einer Quelle oder Vogelstimmen, nicht hinderlich. Im Gegenteil, sie beruhigen und helfen der Meditation. Die Naturverbundenheit ist ja ein Teil des Zen-Erlebnisses. Wenn man nicht so günstige Umstände haben kann, braucht man deswegen nicht zu verzweifeln. Man wählt den Ort, so gut man kann. Es ist dann aber zu empfehlen, das Zazen morgens früh zu machen, bevor der Lärm in den Straßen beginnt, oder abends, nachdem es wieder still geworden ist.

Man breitet eine Decke oder einen Teppich auf dem Fußboden aus. Da eine Fläche von etwa einem Quadratmeter
genügt, kann man die Decke mehrmals falten und so ihre
wohltuende Wirkung erhöhen. Auf die Decke legt man
ein Kissen, das rund oder viereckig oder auch länglich wie
ein Kopfkissen sein kann und etwa 6 bis 9 Zentimeter dick
sein sollte. Falls eins nicht genügt, legt man mehrere über-
einander, bis die gewünschte Höhe erreicht ist. Diese ist
nämlich je nach Körpergröße verschieden und muß darum
von jedem selbst herausgefunden werden. Man setzt sich
so auf das Kissen, daß die Füße vor dem Kissen auf der
Decke liegen. Dann zieht man das linke Bein an. Dabei ist
das linke Knie so gebeugt, daß die Außenseite die Decke
berührt und der Fuß soweit wie möglich unter den andern
Oberschenkel gezogen wird, ohne daß man gerade auf den
Fuß zu sitzen kommt. Dann legt man den andern Fuß
mit der Sohle nach oben auf den linken Oberschenkel. Will
man dann das Kekka anwenden, so legt man auch den
linken Fuß auf den rechten Oberschenkel.

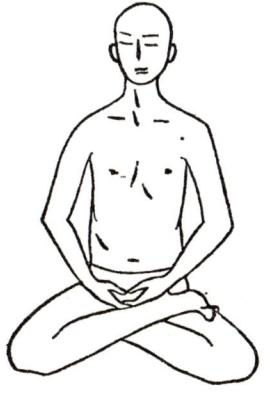

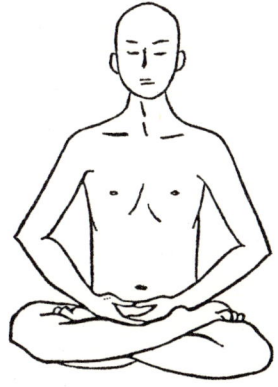

Abb. 3. Hanka   Abb. 4. Kekka

Der Oberkörper

ist kerzengerade aufgerichtet, aber doch so, daß der Schwerpunkt in den Unterleib, unterhalb des Nabels, verlegt wird. Die Schultern soll man nicht krampfhaft hochziehen, sondern in einer normalen, gelockerten Stellung in gleicher Höhe halten. Der Kopf wird hochgehalten und das Kinn angezogen. Die Hände werden leicht vor dem Körper verschränkt. Die traditionelle Haltung besteht darin, daß man die offene linke Hand in die rechte legt, und zwar bei beiden Händen mit der Oberfläche nach unten. Die Daumen werden dabei etwas erhöht, so daß die Daumenspitzen sich berühren. Man darf jedoch die Hände auch in anderer Weise verschränken.

Obwohl der Oberkörper gerade gehalten wird, soll die Haltung nicht verkrampft sein, wie man vielleicht irrtümlicherweise aus einigen Abbildungen entnehmen möchte. Außer im Unterleib soll man nirgendwo Kraft einsetzen. Beobachtet man diese Vorschrift nicht, so stellen sich bald in der Brust oder im Rücken, in Armen oder Beinen Schmerzen ein. Während des Zazen ist streng darauf zu achten, daß sich der Rücken nicht unbemerkt krümmt, denn das bildet ein großes Hindernis für die Wirkung des Zazen. Daß diese äußere Haltung zur inneren Ruhe verhilft, kann jeder selbst leicht nachprüfen. Wer innerlich stark erregt ist und gern zur Ruhe kommen möchte, sollte sich in dieser Haltung hinsetzen, auf einen Punkt blicken und etwa 5 Minuten lang an nichts denken.

Die Augen

sind geöffnet zu halten. Man blickt auf einen etwa einen Meter entfernten Punkt am Boden vor sich oder auf einen entsprechenden Punkt einer senkrechten Wand. Das Geöffnethalten der Augen ist beim Zazen ebenso wichtig wie die gerade Haltung. Man ist vielleicht gewöhnt, mit geschlossenen Augen zu betrachten, weil man meint, sich so leichter konzentrieren zu können. Darum wird einem das Offenhalten der Augen im Anfang wie ein Hindernis erscheinen, aber man gewöhnt sich schnell daran. Ich habe jahrelang Zazen gemacht, ohne die typischen Wirkungen dieser Übung zu erfahren, weil ich den Oberkörper nicht gerade hielt und die Augen dabei geschlossen hatte. Sobald ich diese beiden Vorschriften beachtete, wurde es anders. Natürlich darf man die Blicke nicht herumschweifen lassen. Während man bei der Betrachtung ein Bild oder sonst etwas zur Anregung vor sich legen kann, ist das beim Zazen nicht gestattet, weil es die Entleerung des Geistes hindert. Der Geist muß entbildert werden, wie die deutschen Mystiker sagten.

Das Atmen

ist sehr wichtig, obwohl die Atemtechnik im Zen zur Zeit nicht so betont wird wie im Yoga. Schwierige Atemübungen werden gar nicht verlangt. Man soll tief und ruhig ein- und ausatmen, aber ohne Übertreibung. Das Atmen soll gewöhnlich durch die Nase und nicht durch den Mund geschehen. Es sollte womöglich Bauchatmung sein. Besonders zu Beginn der Meditation wird folgende Atemübung empfohlen: Sobald man die richtige Haltung eingenommen hat, atmet man möglichst tief durch die Nase ein, preßt den Atem in den Leib und hält ihn dort eine Zeitlang an. Dann läßt man ihn durch die leicht geöffneten Lippen möglichst langsam entströmen, bis die Lunge ganz leer ist. Solange einem diese Übung noch ungewohnt ist, halte man den Atem nicht zu lange an, weil man sonst schwindlig wird. Im Winter wird diese Übung auch noch eine angenehme Wärme im ganzen Körper hervorrufen. Es genügt, daß man sie zu Anfang der Sitzung ein- oder zweimal macht. Nach Bedarf kann man es auch öfter tun, aber jeweils nur zu Beginn der Sitzung, nicht während der Sitzung. Man kann die Wirkung noch dadurch erhöhen, daß man beide Hände aufeinandergelegt gegen den Hinterkopf drückt, oder noch mehr, indem man nach dem Einatmen Kopf und Oberkörper tief nach vorne neigt, in dieser Stellung eine Weile verharrt, sich dann aufrichtet und den Atem langsam entweichen läßt. Da die Übung in dieser Form ziemlich anstrengend ist, muß man mit Vorsicht vorangehen, um sich keinen Schaden zuzufügen. Nach dieser Atemübung schwinge man den Oberkörper einige Male von rechts nach links und zurück, erst weiter, dann kürzer und lasse ihn dann in der richtigen Stellung zur Ruhe kommen. Während des Zazen atmet man in gewöhnlicher Weise durch die Nase tief ein und lange aus.

Die innere Haltung

soll hier noch einmal beschrieben werden, soweit sie für die Praxis von Bedeutung ist. Für den Anfang wird es das beste sein, die Atemzüge zu zählen, aber das soll nur im Geiste geschehen. Die Zahlen werden nicht ausgesprochen. Man zählt von eins bis zehn, aber nicht weiter, sondern fängt wieder von vorne an. So geht es die ganze „Betrachtung" durch. Dabei wird das Ein- und Ausatmen einzeln gezählt. Das geschieht in folgender Weise: Beim ersten Einatmen eins, beim Ausatmen zwei, beim zweiten Einatmen drei, beim Ausatmen vier usw. bis zehn. Auf Japanisch nennt man das Sûsokukan. Man muß sich ganz auf das Zählen konzentrieren und darf sich durch nichts davon ablenken lassen. Andrerseits darf man auch nicht in Gedankenlosigkeit verfallen oder mit offenen Augen schlafen. Das Zählen soll eben einen Gegenstand für die geistige Tätigkeit bieten, ohne jedoch zum Nachdenken anzuregen. Dabei können zwei Schwierigkeiten auftreten. Die erste besteht darin, daß man schläfrig wird, die zweite darin, daß man doch durch andere Gedanken abgelenkt wird. Gegen Schläfrigkeit wird angeraten, nur das Ausatmen zu zählen. Auch das geschieht von eins bis zehn und kann nach Bedarf wiederholt werden. Wenn man sehr müde ist, wird dieses Mittel vielleicht nicht ausreichen. Dann soll man aufstehen und etwas herumgehen, dabei aber genau wie beim Sitzen die Atemzüge zählen. Wenn man die Übungen in einer Gruppe gemeinsam macht, darf man natürlich nicht nach Belieben herumgehen, weil das die andern stören würde. Statt dessen bittet man die Aufsicht führenden Mönche um einen Schlag mit dem Stock, was sehr gut hilft. Gegen die zweite Schwierigkeit der Zerstreuungen wird angeraten, nur das Einatmen genau in derselben Weise zu zählen. Ist man über die Schläfrigkeit bzw. die Zerstreuungen einigermaßen Herr geworden, so kann man wie vorher das Ein- und Ausatmen zählen. Es besteht aber keine Schwierigkeit, in einer der beiden andern Weisen weiterzuzählen, wenn es einem so lieber ist.

Hat man das Sûsokukan oder die beiden andern Weisen längere Zeit geübt, so geht man zu einer neuen Methode über. Es kommt nicht darauf an, ob man damit etwas früher oder später anfängt. Man wird nach einigen Wochen selbst das Gefühl haben, daß das Sûsokukan wie von selbst geht. Von da ab kann man jederzeit zu einer andern Weise übergehen, aber man soll sich nicht in Hast und Unruhe treiben lassen, wie es z. B. einem Anfänger beim Erlernen einer Fremdsprache ergehen kann, der nicht früh genug die nächste Lektion anfangen kann. Im Grunde genommen sind alle diese Methoden nur Hilfen zu demselben Zweck.

Die neue Methode nennt man Zuisokukan. Sie besteht darin, daß man das Ein- und Ausatmen nicht mehr zählt, sondern nur seine Aufmerksamkeit darauf richtet. Doch denkt man beim Einatmen nur an das Einatmen und beim Ausatmen nur an das Ausatmen. Das Ein- und Ausatmen soll gewissermaßen mit dem Geiste eins werden. Daher kommt die Bezeichnung Zuisokukan, d. h. dem Atem folgend.

Danach kann man zum sogenannten Shikan-Taza übergehen, d. h. „Nur-Sitzen" und bedeutet, daß man vom Zazen ganz absorbiert ist. Man benutzt weder Sûsokukan noch sonst eine Methode und macht eben nur Zazen. Dabei versucht man direkt und ohne Hilfsmittel nichts zu denken. Das ist ja der Zweck all der Methoden des Zählens und der Atemfolge. Wenn man also ohne die Hilfsmittel diesen Zweck erreicht, ist es um so besser. Die Methoden sind mit einem Bergstock zu vergleichen, der nur eine Hilfe sein soll, um unzureichende Kräfte zu ergänzen.

Wer schon von vornherein gegen das Zählen ein inneres Widerstreben verspürt, kann von Anfang an versuchen, ohne Zählen fertig zu werden. Bemerkt er nach einiger Zeit, daß er viel unter Zerstreuungen leidet und nicht gut vorankommt, kann er es immer noch mit dem Zählen versuchen. Es wird seine Wirkung nicht verfehlen. Obwohl es viele Wege gibt, um richtig in das Zazen hineinzukommen, sollte man sich doch an *einen* halten, genauso wie auch verlangt wird, daß man sich an *einen* Zen-Meister halten soll. „Wer zwei Hasen nachläuft, fängt keinen von beiden", sagte mir ein Zen-Meister.

Über das Kôan wurde früher schon grundsätzlich gesprochen. Hier muß noch einiges über seine Anwendung hinzugefügt werden. Den verschiedenen Richtungen im Zen entsprechend, wird auch das Kôan verschieden benutzt. Im Rinzai-Zen erhält man bald nach den ersten Einführungen in das Zazen ein Kôan. Sobald der Zen-Meister feststellt, daß der Schüler das erste Kôan nahezu gelöst hat, gibt er ihm ein zweites, danach ein drittes und so fort, bis der Schüler an einem Kôan die Erleuchtung bekommt. Manche Zen-Meister geben gar kein Kôan. Andere gehen einen Mittelweg. Sie lassen ihre Schüler zunächst eine Zeitlang mit dem „Sûsokukan", dem „Zuisokukan" oder auch dem „Shikantaza" arbeiten. Wenn der Schüler sich so einigermaßen in das Zazen hineingearbeitet hat und außerdem der Zen-Meister den Eindruck gewonnen hat, daß der Schüler entschlossen ist, mit Einsatz aller seiner Kräfte bis zur Erleuchtung zu gehen, wird ein Kôan gegeben. Über dieses Kôan soll man dann nicht nur beim Zazen, sondern Tag und Nacht so lange nachdenken, bis man daran die Erleuchtung bekommt. Aber auch nachher soll er dieses Kôan als sein eigenes Kôan betrachten und sein ganzes Leben lang damit arbeiten und Fortschritte machen. Es ist leicht einzusehen, daß für diese verschiedenen Weisen, mit dem Kôan zu arbeiten, ein Zen-Meister unentbehrlich ist.

Noch eine andere Art, das Kôan zu verwenden, hat Meister Sogaku Harada eingeführt. Obwohl auch dabei eigentlich ein Führer notwendig ist, kann man sie auch ohne ständige Leitung mit Nutzen versuchen. Zur Erklärung sei an das Kôan erinnert, das bereits im Bericht über die Zen-Exerzitien erwähnt wurde: „Ein Mönch fragte den Meister Chaochou, ob auch in einem Hündlein die Buddhanatur sei oder nicht. Der Meister antwortete: ‚Nichts‘." Man weiß nicht, ob es so ist oder nicht. Es ist kein Ja und kein Nein. Dieses „Nichts" ist nun das Kôan. Man soll also „Nichts" denken. Im Japanischen nennt man es das „Mu-ji", was soviel bedeutet wie das „Schriftzeichen-Nichts". Das soll natürlich nicht heißen, daß man sich dieses Schriftzeichen oder das entsprechende Wort in einer anderen Sprache geschrieben in der Phantasie vorstellen soll. Es heißt eben „Nichts", ganz sachlich genommen, und man könnte auch sagen: absolute Leere. In diesem Sinne denkt man das „Nichts" [16]. Vor der Aufstellung eines konkreten Programmes seien noch einige praktische Winke gegeben:

[16] Psychotechnisch hat diese Methode auffallende Ähnlichkeit mit dem Hesychasmus der Ostkirche (Jesusgebet), wodurch die Vereinigung von Verstand und Herz erstrebt wird, s. Jacques-Albert Cuttat, La Spiritualité de l'Orient chrétien, in: Le Rencontre des Religions, Paris 1957. Vgl. auch Zen-Buddhismus, a. a. O., S. 367 ff.

1. Während des Zazen soll man nicht lesen. In der Zazen-Halle ist darum jede private Lesung streng verboten. Es ist eben anders als bei der Betrachtung, bei der man einen bestimmten Betrachtungsstoff hat und dem Gedächtnis gelegentlich nachhilft oder sich sonst durch eine kurze Lesung anregt. Der einzige Gegenstand, über den man beim Zazen nachdenkt, ist das Kôan. Dieses aber ist in der Formulierung sehr einfach gefaßt und wird außerdem immer wieder von neuem überdacht, so daß man es nicht vergißt.

2. Man soll nicht unmittelbar nach der Mahlzeit Zazen machen, sondern etwa eine Stunde warten. Macht man mehrere Sitzungen am Tage, so ist es ratsam, sich mit etwa zwei Drittel einer vollen Mahlzeit zu begnügen.

3. Eine Sitzung soll gewöhnlich auf 40 Minuten beschränkt werden, wie es auch bei gemeinsamen Sitzungen üblich ist. Wenn man mehrere Sitzungen hintereinander macht, wird es gut sein, nach jeder Sitzung etwa 20 Minuten aufzustehen und herumzugehen oder sich auf irgendeine Weise zu erholen. Doch muß das so geschehen, daß man nicht abgelenkt wird. Auch kürzere Sitzungen, selbst fünf Minuten Zazen, haben durchaus ihren Wert.

4. Wer keine fachmännische Führung haben kann, soll mit den hier gegebenen Anweisungen ruhig versuchen, allein Zazen zu machen. Zumal Menschen, die schon ein inneres Leben führen und darin einige Erfahrungen gesammelt haben, werden dabei Erfolg haben, wenn sie die Anweisungen treu durchführen. Gelingt es, bis zu den anfänglichen Wirkungen vorzustoßen, werden weitere Fortschritte leichter. Man weiß dann eben, in welcher Richtung das Ziel liegt, was auch durch die besten Beschreibungen nur sehr unvollkommen angedeutet werden kann. Doch täusche man sich nicht! Bis man die Fußspuren des Ochsen entdeckt, braucht es viel Ausdauer. Und sicher ist es nicht

das, was man sich vielleicht auf Grund sehr guter Beschreibungen vorgestellt hat. Das kann eben nur die eigene Erfahrung lehren. Gerade durch diese Erfahrung wird man sich um so reicher belohnt finden und wird auch bald verstehen, wie eine religiöse Wahrheit mit dieser Methode intuitiv und tiefer erfaßt werden kann. Da ist jeder ganz frei, nach seiner eigenen Weltanschauung zu arbeiten. Der Christ z. B. wird mit großem geistlichem Nutzen einfach auf Gott hinblicken. Gott wird gewissermaßen das Kôan, das Rätsel. Er ist ja der Allerunbegreiflichste und Unbegriffliche, der nur in einer höheren Schau — und auch da nur im Dunkel — richtig gesehen werden kann.

5. Wieviel Zeit man braucht, um beim Zazen zu einem greifbaren Erfolg zu kommen, läßt sich nicht einfach in Zahlen ausdrücken. Es hängt sehr vom einzelnen ab. Je eifriger jemand ist, um so schneller kommt er zum Ziel. Wer jeden Tag morgens und abends etwas Zazen macht und gelegentlich mehrere Tage hintereinander darauf verwendet, wird schnell dazu gelangen. Jedoch sollte man zunächst lernen, rein physisch gesehen, die richtige Haltung einzunehmen und einige Zeit darin zu verweilen, ohne daß die Schmerzen allzu groß sind. Für jeden, der aus religiösen Motiven handelt, wird das damit verbundene Opfer allein schon seinen Wert haben. Macht man mehrere Tage hintereinander Zazen, so werden vielleicht trotz der Vorübungen die Gelenke stark schmerzen. Wenn die Schmerzen zu groß werden, nehme man zwischendurch eine weniger schmerzhafte Lage ein, wie z. B. das Suwari oder auch das Sitzen auf einem Stuhl, aber dann nur in der früher beschriebenen Weise.

Was vorhin ausführlich dargelegt wurde, wollen wir nun zu einem praktischen Programm für die Übungen zusammenfassen.

1. Man breitet seine Decke aus, legt ein Kissen darauf und setzt sich auf das Kissen, so daß die Füße auf der Decke liegen. Dann zieht man den linken Fuß an, wobei die Außenseite des Knies die Decke berührt. Nun legt man den rechten Fuß auf den linken Oberschenkel, mit der Fußsohle nach oben und der Ferse bis an den Leib. Das rechte Knie wird so weit wie möglich heruntergedrückt, so daß es die Decke berührt. Anfangs wird das vielleicht nicht ganz gelingen, aber mit etwas Übung wird es sicher leichter. Dann richtet man den Oberkörper so auf, daß Nasenspitze und Nabel senkrecht übereinanderkommen, und das Kinn soll man dabei fest anziehen, so daß man mit normal geöffneten Augen ungefähr 90 cm vor sich auf den Boden blickt. In dieser Stellung soll man etwa 5 bis 10 Minuten verharren, wobei streng darauf zu achten ist, daß sich der Rücken nicht krümmt. Wer diese Übung eine Woche lang oder länger macht, wird diese Haltung einigermaßen ertragen können.

2. Danach verlängert man die täglichen Sitzungen um einige Minuten und setzt das eine oder mehrere Wochen lang fort, bis es auch ohne allzu große Schwierigkeiten länger geht. Mit etwa 20 Minuten kann man sich einstweilen begnügen. Gleichzeitig soll man aber auch versuchen, die richtige innere Haltung einzunehmen. Dafür beginnt man am besten mit dem „Sûsokukan", dem Zählen von eins bis zehn. Nachdem man in dieser Weise etwa drei Monate lang täglich 20 Minuten Zazen gemacht hat, versuche man langsam ein Gebet zu sprechen, das man auswendig weiß. Ganz einfache Gebete sind vorzuziehen. Man spreche dabei jedes Wort mit Verständnis innerlich einzeln aus, blicke das Wort gewissermaßen innerlich an. Man kann auch versuchen, innerlich auf Gott oder Christus oder auf ein Geheimnis aus dem Leben Jesu zu schauen. Wer die Gewohnheit hat, täglich eine Betrachtung zu

machen, kann, um Zeit zu sparen, die ersten 20 Minuten in der angegebenen Weise auf das Zazen verwenden und die übrige Zeit wie gewöhnlich betrachten. Man wird dabei nichts von der Betrachtung verlieren. Selbst wenn man bei der anschließenden Betrachtung eine etwas bequemere Körperhaltung einnimmt, so achte man trotzdem darauf, den Körper aufrecht gerade zu halten.

3. Nach drei Monaten wird das Zählen wahrscheinlich lästig werden. Darum macht man nun das Zazen, ohne den Atem zu zählen, und achtet nur auf das Ein- und Ausatmen, wie es beim „Zuisokukan" beschrieben ist. Es besteht aber auch keine Schwierigkeit, schon früher vom Sûsokukan zum Zuisokukan überzugehen. Auch mit dem Zuisokukan kann man ungefähr drei Monate lang Zazen machen. Wer täglich länger als 20 Minuten Zazen machen kann, soll es tun. Noch besser ist es jedoch, morgens und abends zu meditieren. Die Wirkung wird dadurch mehr als verdoppelt. Am Schluß jeder Sitzung spricht man ein Gebet, so wie es unter 2. angegeben ist.

4. Wer das „Nichts" als Kôan benutzt, muß ständig „Nichts" denken. Man atmet tief ein und gründlich aus, wobei das Ausatmen länger dauert als das Einatmen. Beim Ausatmen stößt man das „Nichts" bis unter den Nabel tief in den Unterleib hinunter. Dabei kann man das „Nichst" auch innerlich — wenn man alleine ist, auch äußerlich — aussprechen, also etwa: Niiiiiii ... chts, indem man es zusammen mit dem Ausatmen möglichst lange hinzieht. Noch besser eignet sich dafür das japanische Wort: Muuuuuuu ... Bei dieser Übung kann man vielleicht in der buddhistischen Auffassung von den verschiedenen Bewußtseinsarten eine Hilfe finden. Danach gibt es neun Arten von Bewußtsein. Die ersten sechs umfassen alle sinnlichen und geistigen Bewußtseinszustände oder das Be-

wußtsein im gewöhnlichen Sinn. Es sind gerade sechs, weil sie sich auf die fünf Sinne und das Geistige beziehen. Unter diesem Komplex liegt dann als siebentes das Unterbewußtsein. Darunter liegt das achte, das gleichsam der Speicher von allem ist, was der Mensch jemals in irgendeinem Sinne erlebt hat. Nichts, so sagt man, geht davon verloren, selbst nicht nach Millionen Jahren. Zutiefst liegt dann das neunte Bewußtsein, das man als Bewußtsein des absoluten All bezeichnen könnte. Bis dorthin muß man kommen, und um das zu erreichen, muß man alle andern Bewußtseinsarten durchstoßen oder vernichten. Dann erst kann die Erleuchtung stattfinden und findet auch tatsächlich statt. Es ist sicher sehr schwierig, durch die verschiedenen Bewußtseinsstufen hindurchzustoßen, aber besonders hartnäckig ist das vorletzte, das achte Bewußtsein. Um auch da noch hindurchzukommen, darf man sich auf nichts anderes einlassen und muß immer nur das Nichts hinunterstoßen. Wer das konsequent durchhält, wird eines Tages bis zum Tiefsten durchstoßen. Sowie dieses tiefste Bewußtsein berührt wird, zündet der Funke, und die Erleuchtung ist da.

Es geht hier nicht darum, über diese Psychologie ein wissenschaftlich kritisches Urteil zu fällen. Sie kann jedenfalls helfen, die richtige Einstellung beim Zazen zu erlangen. Bei diesem „Mu-ji", d. h. bei dieser Art und Weise, das Nichts zu denken, kann man nun bleiben. Noch eine andere Art, mit dem Mu-ji zu üben, besteht darin, daß man, anstatt das Mu mit dem Atem in den Bauch zu stoßen, dem Atem ruhig und tief *mit dem Mu folgt*. Dabei wird nirgendwo Kraft eingesetzt. Man ist nur darauf bedacht, das Mu sozusagen nicht aus den Augen zu verlieren. Mancher wird diese Art der vorgenannten vorziehen, weil sie nichts Gewaltsames hat. Die Wahl hängt auch hier von der Veranlagung des einzelnen ab.

5. Mehrtägiges Zazen. Wenn es nicht schon früher möglich

war, sollte man sich jetzt einige Tage für das Zazen freimachen. Wenn man mehrere Stunden am Tage Zazen macht,
werden die Kniegelenke und andere Stellen des Körpers
vielleicht stark schmerzen, aber das wird mit der Zeit er-
träglicher. Wichtig ist, daß man sich eine bestimmte Tages-
ordnung macht, die man unbedingt einhält. Man kann dafür
nachlesen, was im ersten Kapitel über Zen-Exerzitien gesagt wurde, oder sich einfach an folgendes Programm halten: Die erste Übung halte man früh am Morgen vor dem
Frühstück bzw. vor der hl. Messe, wenn man sie liest oder
ihr beiwohnt. Es braucht aber nicht unbedingt morgens um
drei Uhr zu geschehen, wie es im Tempel zu geschehen
pflegt. Nach dem Frühstück mache man eine Stunde Pause.
Darauf sollten drei Zazen-Sitzungen von je 40 Minuten
Dauer folgen, die jeweils durch Pausen von 20 Minuten
voneinander getrennt sind. In den Pausen geht man etwas
herum oder ruht sich aus, ohne sich jedoch vom Zazen
ablenken zu lassen. Nach dem Mittagessen mache man eine
Pause von wenigstens einer Stunde und danach wieder
drei Sitzungen hintereinander wie am Morgen. Nach dem
Abendessen und einer entsprechenden Pause folgen noch
zwei Sitzungen, die auch durch eine Pause unterbrochen
werden. Das gibt also zusammen neun Sitzungen am Tage
und dürfte genügen. In der freien Zeit soll man sich nicht
mit beruflichen Geschäften befassen, sondern ganz in der
Stimmung des Zazen bleiben. Liturgische oder andere religiöse Übungen dagegen stören nicht. Um während der
Sitzungen nicht durch Schläfrigkeit behindert zu werden,
ist es ratsam, auch während des Tages etwas zu schlafen.
Für diese Exerzitien wird meist eine Dauer von fünf bis
sieben Tagen empfohlen. Wenn die Zeit zu kurz bemessen
ist, besteht die Gefahr, daß man schon am Ende ist, wenn
man gerade richtig hineingekommen ist. Macht man sie
zu lange, werden sie zu anstrengend und hindern nachher
bei der Berufsarbeit. Wer sich an diese Anordnungen hält,

wird früher oder später in jene tiefe Sammlung kommen, von der wiederholt gesprochen wurde. Allmählich wird die Sammlung öfter auftreten, und man wird lernen, mit einer gewissen Sicherheit (und Leichtigkeit) in sie hineinzugelangen. Es ist das natürlich etwas anderes als der Trost im Gebet, der eine Gnade ist und daher nicht nur von der eigenen Anstrengung abhängig ist. Beim Zazen dagegen ist man gewöhnlich sicher, in diesen Zustand der Sammlung zu kommen. Wieweit es dann allerdings gelingt, in diesem Zustand Gott fühlbar nahezukommen, hängt natürlich nicht nur vom eigenen Bemühen ab.

Wer zu dieser Fertigkeit im Zazen gekommen ist, hat zwei Wege vor sich, auf denen er weitere Fortschritte machen kann.

Der erste Weg ist die Ausnutzung dieser Fertigkeit für das Gebetsleben. Sobald man nämlich einigermaßen im Zustande der Sammlung ist, macht man eine Betrachtung, und zwar im Sinne einer Beschauung. Doch muß diese Betrachtung nicht im Kopf, sondern im Herzen vollzogen werden. Man wird bemerken, daß das sehr gut geht. Es öffnet sich da ein neues Tor für das innere Gebet. Man könnte es Gebet der Sammlung nennen oder auch erworbene Beschauung in dem früher beschriebenen Sinne. Noch leichter wird es vielleicht sein, ein einfaches Stoßgebet, z. B. „Herr Jesus, erbarme dich meiner", zu verrichten und nach Belieben zu wiederholen. Aus diesen Tiefen der Seele heraus gesprochen, gewinnen die uns auch sonst geläufigen Stoßgebete eine neue mit Gott vereinigende Kraft. Das ist eine Frucht, die man mit Sicherheit aus dem Zazen ziehen kann. Es kann auch geschehen, daß wir in eine Tiefe der Seele gelangen, wo selbst die Stoßgebete noch störend wirken und wir nur das innere Schweigen als unserer Seelenverfassung entsprechend empfinden. Ob Gott weiterführt, hängt von Ihm allein ab.

Die zweite Frucht, die man sicher gewinnt, besteht darin,

126

daß man sich trotz aller Ablenkungen, die das Leben mit sich bringt, leichter sammeln kann. Das ist nicht nur für das Gebet, sondern auch für die Berufsarbeit von großem Nutzen.

Die dritte Frucht ist die Bewahrung der inneren Ruhe und Selbstbeherrschung in allen Widerwärtigkeiten des täglichen Lebens.

Die vierte Frucht besteht darin, daß lästige Zweifel, seelische Depressionen, Furcht und sonstige störende Gefühle mehr und mehr verschwinden.

Die fünfte Frucht ist eine innere Harmonie und Freude, die eine ständige Zufriedenheit gibt und zur Folge hat, daß man alles Gute und Schöne sozusagen mit seinem ganzen Sein genießt.

All das übt auch auf die körperliche Gesundheit einen wohltuenden Einfluß aus und wirkt sich günstig auf die Berufsarbeit aus.

Diese Wirkungen erfährt man schon, bevor man zur eigentlichen Erleuchtung kommt. Anfangs sind sie schwach und unregelmäßig, aber je mehr man übt, um so stärker werden sie. Viel unnötiger Kummer bliebe den Menschen erspart, wenn sie die hier gebotenen Möglichkeiten ausnützen würden. Den größten Wert hat die immer inniger werdende Verbindung mit Gott, die aus dem Gebetsleben erwächst.

Die ganze Einstellung bei diesem ersten von den zwei Wegen, die man einschlagen kann, läßt sich mit den Anfangsworten eines Gebetes von P. Lessius SJ treffend zum Ausdruck bringen:, ‚Converte, obsecro, cor meum ad Te introrsum in fundum animae meae, ubi silente creaturarum strapitu et importunarum cogitationum cessante tumultu, Tecum commorer, Te semper praesentem cernam, Te amem et venerer...‘‘ (Lessius SJ, De perfectionibus divinis, Lib. II, cap. IV, no 28.) (Ich bitte Dich, wende mein Herz zu Dir bis auf den Grund meiner Seele, wo ich im Schweigen vom Geräusche der Geschöpfe, ungehindert vom Aufruhr störender Gedanken, bei Dir weile, Dich immer gegenwärtig finde, Dich liebe und verehre ...)

Der zweite Weg besteht darin, daß man gewissermaßen weiterfastet, d. h. man nützt die Sammlung noch nicht für die Beschauung aus, sondern übt weiter mit dem „Nichts", um zur vollen Erleuchtung zu kommen. Man ruht nicht aus, bis man dieses einzigartige Licht erhalten hat. Während man den ersten Weg allen, die überhaupt die Zen-Methode ernstlich betreiben wollen, in der Weise, wie wir ihn beschrieben haben, allgemein anraten kann, ist der zweite nicht jedem, der eine christliche Weltanschauung hat, ohne Vorbehalt anzuraten. Die Wirkungen sowohl für das Tugendleben wie auch für die Disposition zum Gebet sind freilich dieselben wie bei dem ersten Weg. Man verliert also in diesem Sinne nichts. Ja, gerade weil man gegen Gott gewissermaßen zurückhaltender ist, kann es sein, daß man Ihn um so tiefer findet. Wenn das mit seiner Gnade geschieht, sollte man diese Gnade auch benutzen. Die Frage ist nur, ob man sicher eines Tages die Erleuchtung in ihrer ganzen Fülle erhält. An sich kann jeder Mensch so weit kommen. Aber es ist doch bei vielen zweifelhaft, ob ihnen die konkreten Lebensverhältnisse und die Berufsarbeit erlauben, die Sache so gründlich zu betreiben, wie es nun einmal notwendig ist, und ganz besonders zweifelhaft ist, ob sie selber die erforderliche Ausdauer aufbringen. Schon die Durchführung eines mehrtägigen Zazen dürfte für viele Leute sehr schwer sein, besonders wenn sie es allein machen müssen. Es ist zwar auch ohne solche Exerzitien nicht ausgeschlossen, zur Erleuchtung zu kommen, aber es dürfte doch viel schwerer sein.

Ob es nun besser ist, sich mit dem ersten Wege zu begnügen oder den zweiten zu wählen, braucht hier nicht weiter untersucht oder entschieden zu werden. Das ist einfach eine Sache persönlicher Entscheidung. Man kann auch einen Mittelweg gehen, indem man nämlich zunächst auf dem ersten Wege bleibt und bei gegebener Gelegenheit zum zweiten übergeht. Eine solche Gelegenheit wäre z. B., wenn man einen erfahrenen Zen-Meister zu Rate ziehen könnte. Dann wäre der Erfolg eben doch sicherer. Es müßte dann freilich, falls der Übende nicht gründlich in der christlichen Lehre gefestigt ist, ein Zen-Meister sein, der entweder selbst Christ ist — was kaum der Fall sein wird — oder wirklich von der weltanschaulichen Frage bei der Leitung absieht. Das ist an sich möglich, und in Japan gibt es Zen-Meister, die das können und auch tun, wenn Christen zum Zazen kommen. Jedenfalls dürften sich in Europa diese Vorbedingungen schwer verwirklichen lassen. Trotzdem wollen wir der Vollständigkeit halber auch für diesen Weg noch einige Anweisungen geben. Denn es gibt gewiß Menschen und vielleicht nicht wenige, die ohne Gefahr den Versuch machen können, falls sie die Anweisungen beobachten, die wir anschließend geben wollen. Will man also gleich auf dem zweiten Wege vorangehen, dann muß man das „Nichts" nicht nur während des Zazen, sondern zu allen Zeiten, sowohl während seiner Berufsarbeit als auch im Verkehr mit den Mitmenschen und sogar — wie mir ein Zen-Meister in der den Zen-Mönchen eigenen drastischen Art sagte — bei der Verrichtung seiner Bedürfnisse üben. Er fügte noch hinzu, daß man selbst im Schlafe das „Nichts" üben könne und solle. Wenn man es so gründlich macht, kann die Erleuchtung auch außer der Zeit des Zazen kommen, wo und wann man es vielleicht am wenigsten erwartet.

Für den zweiten Weg möchten wir noch auf zwei Dinge hinweisen: Erstens kann es vorkommen, daß man meint, man hätte die Erleuchtung bekommen, obwohl es nicht so ist. Man hat vielleicht sehr starke Erlebnisse gehabt. Auch die Nachwirkungen sind gut und alles scheint einzutreffen, was man aus den Beschreibungen der echten Erleuchtung erwartet. Und doch war es nicht die Erleuchtung. Deshalb soll man bei allem, was man auch erleben mag, demütig und bescheiden bleiben. Man wird schon bald feststellen, daß es noch nicht die Erleuchtung war, hat aber nichts dabei verloren, sondern kann ruhig auf dem beschrittenen Wege weitergehen.

Zweitens besteht die Gefahr, daß man nach der Erleuchtung oder vielleicht auch schon vorher sich mit dem Selbst im Selbst begnügt. Der Grund dafür ist, daß eben die Erfahrung der Erleuchtung so reich ist und man auch vorher etwas davon verkostet. Je weiter man vordringt, um so notwendiger ist es, einen Seelenführer zu Rate zu ziehen, wie das beim Zen immer wieder eingeschärft wird. Schwer zu besteigende Berge soll man nicht ohne Führer erklettern. Der Seelenführer braucht nicht notwendig im Zen Erfahrung zu haben. Wenn er allgemein Kenntnis vom inneren Leben hat, kann er vor gefährlichen Irrungen bewahren. Das ist seine erste Aufgabe. Darum soll man ihm von Zeit zu Zeit von seinen inneren Erlebnissen Bericht erstatten und seinen Weisungen Folge leisten. Dann besteht auch keine Gefahr, von Gott abzuirren. Nicht das Selbst im Selbst, sondern das Selbst in Gott muß immer das Ziel bleiben. Jeder Weg, der von diesem Ziele abführt, geht in die Irre und ins Verderben, wie schon die islamischen Mystiker richtig erkannt haben.

SCHLUSSWORT

Ein gläubiger Christ wird vielleicht gefühlsmäßige Bedenken haben, sich so weit in den Bereich einer anderen Religion hineinzuwagen. Doch dieser Einwand ist unbegründet, weil es sich beim Zazen nicht um irgendeinen Glaubensinhalt handelt, sondern nur um die Auswertung natürlicher Seelenkräfte. Zwar ist auch im Osten die Erleuchtung nicht Allgemeingut geworden. Die Tatsache der Erleuchtung aber ist nicht zu bestreiten, und die Wege, die Erleuchtung zu erlangen, sind jedem zugänglich. Hinzu kommt, daß man sich gerade gegenwärtig sehr bemüht, sich die Methoden des Yoga und Zen zu eigen zu machen. Der Mensch des Westens wird sich also die Errungenschaften des Ostens aneignen, wie der östliche Mensch die Errungenschaften des Westens in Wissenschaft und Technik erworben hat. Der Westen wird sicher mehr Mühe und Schwierigkeiten mit der Erleuchtung haben, als der Osten mit den modernen Wissenschaften hatte. Es ist für einen dialektisch gebildeten Menschen schwieriger, zur Erleuchtung zu kommen, als es für einen von Dialektik unbelasteten Menschen ist. Trotzdem ist es durchaus möglich, und die Erleuchtung wird in diesem Fall sogar viel tiefer sein als bei einem Menschen, der dieses Hindernis nicht zu überwinden hatte und leichter zur Erleuchtung kam. So widerspruchsvoll es auch klingen mag: die dialektische Kraft des Menschen wird durch die Erleuchtung noch erhöht.

Allerdings sieht es so aus, als ob die Menschen des Ostens sich von ihrer traditionellen Weisheit entfernten oder sie wenigstens vernachlässigten, um die westliche Zivilisation zu erobern. Die Japaner z. B. sind vielmehr darauf bedacht, sich die letzten Fortschritte der Wissenschaft und

Technik anzueignen, als zur Erleuchtung zu kommen. Doch auf der anderen Seite wird im Menschen des Westens das Verlangen nach östlicher Weisheit immer stärker.

Dieses Verständnis füreinander, Voraussetzung einer friedlichen Zusammenarbeit von Ost und West, um das Schicksal der Welt gemeinsam zu gestalten, braucht aber nicht nur ein theoretisches zu bleiben, sondern darf auch praktisch werden in dem Sinn, daß wir etwas voneinander lernen. Damit vollzieht sich eine Annäherung von Seele zu Seele, die am besten hilft, Vorurteile zu beseitigen. Je mehr sich die Menschen des Ostens und des Westens vereinigen und sich durch die Mitteilung ihrer Eigenwerte gegenseitig bereichern, um so höher wird das geistige Niveau des Menschen der Zukunft, um so größer werden die Möglichkeiten für eine neue Geisteskultur sein, die in der Wertschätzung doch immer über der materiellen Kultur stehen muß.